# LETTRES

SUR

# LA SARDAIGNE.

# LETTRES

SUR

# LA SARDAIGNE;

PAR

## M. H. MONIER.

LYON.

IMPRIMERIE DE LÉON BOITEL,

Quai Saint-Antoine, 36.

—

1849.

# LETTRES

SUR

# LA SARDAIGNE.

———◆———

Mon voyage en Sardaigne était décidé et le jour du départ fixé à une époque rapprochée; cependant mes amis ne m'abordaient plus qu'en s'écriant: eh! bien, vous partez donc pour la Sardaigne? Mais, mon Dieu, qu'est-ce que la Sardaigne? une île abandonnée, un pays triste, malsain et fort mal habité; que n'allez-vous plutôt à Athènes, à Constantinople, à Jérusalem! ce sont au moins des contrées qui offrent de l'intérêt; et puis, plus tard, vous pourriez nous offrir, renfermées dans un beau volume *Charpentier*, vos impressions de *Quinze jours passés au Sinaï*, avec accompagnement de réflexions profondes et aperçus nouveaux sur la question d'Orient. Et si vous alliez en Espagne! quelles chaudes images vous y recueilleriez, et, à votre retour, quelle charmante relation vous pourriez nous composer, une relation remplie de descriptions pittoresques de l'Alhambra, de Séville et de Grenade, et bourrée de sérénades andalouses, de lames de Tolède et de parfums nocturnes; le tout recouvert d'une couleur locale *bleue de cobalt* et *laque de garance*, et ornée d'un beau titre espagnol dans le genre de *tra los Montes*! Mais la Sardaigne, un pays fiévreux, peuplé de loups et de voleurs, quelles impressions espérez-vous y rencontrer? la fièvre, des coups de dents et des coups de couteaux? et si vous leur échappez, qu'aurez-vous à nous raconter à votre retour?.... Je reconnus la justesse et la profondeur de ces observations, et je partis pour la Sardaigne.

Aujourd'hui me voilà de retour, la tête pleine de charmants souvenirs, et mes carnets, noircis et barbouillés de notes et documents, d'un intérêt incontestable et que j'ai hâte de communiquer au public, assez ennemi de ses jouissances peut-être, pour ne pas en prendre connaissance. Cette petite, ou plutôt cette grande infortune me surprendrait médiocrement, car, en général, les descriptions de choses et de lieux qui nous sont inconnus, ne nous intéressent qu'à la condition d'être présentées sous des formes séduisantes et originales, et je suis obligé de prévenir mes lecteurs, ce qui déjà n'est peut-être plus nécessaire, que je suis tout novice en l'art d'écrire. Cependant pour les séduire et les engager à passer sur la maladresse de la forme, je leur promets des détails exacts sur des mœurs et des coutumes intéressantes et nouvelles, une collection de costumes plus variés, plus pittoresques les uns que les autres, des histoires de brigands à côté desquels les Mandrin et les Fra-Diavolo ne sont plus que des voleurs, et des actes héroïques de dévouement et de courage commis par de simples et bons gendarmes; de plus, je leur ferai grâce de toute description, ayant pour but de leur faire connaître les beautés des bords du Rhône, les magnificences de la Cannebière, et les splendeurs de Gênes la superbe, afin de les transporter tout de suite à Cagliari, sujet de ma première épître.

# LETTRE PREMIÈRE.

### A MADAME......

Après deux jours et deux nuits de navigation, à bord du bateau à vapeur sarde, la *Gulnare*, en compagnie d'un capitaine distingué, de deux officiers de marine, aimables et spirituels comme tout officier de marine, et d'une trentaine de passagers plus ou moins réjouissants, nous entrâmes, par une belle matinée d'avril, dans le golfe de Cagliari.

Je professe pour toute description le mépris le plus absolu, par l'excellente raison, que c'est en littérature un morceau bien fort, souvent ennuyeux, mais toujours inutile. En effet, l'idée que nous nous formons des lieux et des objets d'après une description, quelque détaillée qu'elle soit, ne se trouve jamais être conforme à la réalité, quand, plus tard, il nous arrive de la contempler de nos propres yeux. Aussi me contenterai-je de vous dire que le golfe de Cagliari est magnifique, qu'il est enveloppé de hautes montagnes, dont les sommets tremblent sans cesse dans une vapeur lumineuse, et dont les pieds toujours verts, baignent dans une mer bleue, limpide et profonde. Maintenant, si vous desiriez une peinture plus minutieuse de ce golfe enchanteur, vous pouvez avoir recours aux souvenirs des voyageurs qui ont chanté, célébré, détaillé les beautés du golfe de Naples ; vous remplacerez le panache de fumée qui couronne le Vésuve par les feux des pasteurs, vous appellerez cap de Poula le cap de Sorrente, et, par un dernier effort de votre imagination, vous ferez disparaître les îles poétiques d'Ischia et de Procida, et, cela fait, vous aurez une idée aussi inexacte du golfe de Cagliari, que si j'avais pris

la peine de vous indiquer toutes les sinuosités de son rivage,
de vous nommer tous les villages qui l'animent et de vous
dessiner les profils de ses montagnes. Mais, en vérité, comme
ce principe appliqué rigoureusement simplifierait grandement le travail que je me suis proposé, si même il ne le rendait pas impossible, je me vois obligé de vous prévenir que je
suis capable de le violer tôt ou tard, peut-être à l'instant même.

Notre vaisseau traversait le golfe avec rapidité, le ciel était
étincelant, et la mer calme était sillonnée dans tous les
sens par les petites barques des pêcheurs à voile trian-
gulaire; dans le fond, plantée sur une colline qui semblait venir à notre rencontre, apparaissait Cagliari, avec
ses clochers mauresques, ses toits en coupole, ses dômes
surbaissés et ses grands remparts couverts d'aloès, de
cactus et de poivriers. Les rayons d'un soleil ardent re-
vêtaient la ville d'un voile lumineux et doré, faisaient saillir
les angles des murs, dessinaient les nervures des coupoles,
et jetaient çà et là de grandes ombres portées, arrêtées et
transparentes. Ce spectacle était magnifique et enivrant;
c'était la réalisation complète de ces villes imaginaires,
rêvées à la lecture d'un conte fantastique. Si j'osais énon-
cer franchement mon opinion, je dirais que je ne connais rien de plus pittoresque, de plus original que
cette apparition de Cagliari, vue de la mer; que même je
la préfère au panorama splendide de Gênes, et à la vue
éblouissante de Naples et de son fortuné rivage. Mais comme
malheureusement aucun touriste littéraire n'a fait, je crois,
le voyage de Cagliari, que bien peu auront envie de le faire,
on m'accuserait d'abuser de l'avantage de ma position, l'on
suspecterait la bonne foi de mes récits, et l'on révoquerait en
doute la véracité de mes narrations; aussi je me contente de
dire que c'est un spectacle ravissant, dont je conserverai le
souvenir toute ma vie.

A peine notre vaisseau fut-il entré dans le port, qu'il fut environné par de petites barques, pleines de faquins, en costumes de l'école de natation ; à un signal donné, ces honnêtes corsaires montent à l'abordage, tombent sur le pont, et font main basse sur tous les effets, avant que le pauvre voyageur ait eu le temps de se reconnaître ; et quand, revenu de son premier étonnement, il songe à défendre son bien, il a la douleur de voir les barques s'éloigner au plus vite, l'une emportant sa malle, l'autre son sac de nuit, une troisième son carton de chapeau, et une dernière son parapluie ; ce qu'il a de mieux à faire, c'est de descendre lui-même dans une barque, et de gagner lestement le rivage pour recevoir ses effets à leur débarqué. Alors, moyennant une rétribution vivement et bruyamment disputée, ils sortiront des mains, et quelles mains ! de messieurs les faquins, pour passer dans celles des douaniers, et quels douaniers ! Cependant, par respect pour la vérité, je suis obligé de confesser que ces douaniers, aussi hargneux, aussi détestables que tous les douaniers, sont pourtant très divertissants, ce qui, au premier abord, peut sembler paradoxal : comme en leur qualité de Sardes, ils n'ont qu'une idée extrêmement vague des mille petites futilités enfantées par la civilisation, l'autopsie de la malle d'un voyageur français excite vivement leur curiosité, et les fait passer de surprise en surprise ; l'aspect d'un parapluie leur cause un étonnement profond, un nécessaire à toilette les intrigue grandement, et ils tournent et retournent en tous sens un chapeau mécanique sans pouvoir parvenir à comprendre sa destination. Mais comme il pourrait se faire que ces objets fussent nuisibles à l'État et hostiles au gouvernement, ils sont confisqués et retenus en douane jusqu'à nouvel ordre.

Une fois sorti des mains de ces messieurs, je me fis conduire dans celui des deux hôtels de la ville, qui me fut indiqué comme le plus digne d'abriter sous son toit mon estimable individu, et je devins l'hôte de maître Tesio. Je me livrai à toutes les douceurs d'un sommeil réparateur, et le lendemain je continuai mes studieuses pérégrinations dans l'intérieur de la ville.

Cagliari, Madame, est comme les danseuses, c'est une ville beaucoup plus belle de loin que de près, et vraiment je regrette quelque peu de ne m'être pas contenté de mon admiration lointaine, et d'être descendu de mon navire pour pénétrer dans ses rues tortueuses, grimpantes et fétides. Hélas! je serais resté sous le charme de mes premières impressions et j'aurais emporté de Cagliari un délicieux souvenir, mais aussi j'eusse été privé du plaisir que j'éprouve à vous entretenir de ces impressions nouvelles et à vous communiquer ces détails, qui n'ont d'autre mérite que celui de vous être adressés.

La ville de Cagliari est suspendue à l'extrémité d'une colline élevée et rapide, sur les trois faces de laquelle elle étale son triple amphithéâtre de maisons ; au sommet de la colline se dressent les murs crénelés d'une tour pisane, la coupole de la cathédrale et le palais du vice-roi ; puis tout autour, sans ordre et sans symétrie, un amas de maisons, coupé çà et là par de petites ruelles sombres et mal propres, à jamais privées des rayons d'un soleil consolateur. Cette partie de la ville se nomme le château. Tout ce qui a quelque prétention à une origine aristocratique, ou pour vous parler en français, tout ce qui porte un nom authentique et vénérable, est obligé, sous peine de déroger, de venir s'enfermer dans ces attrayantes demeures; noblesse oblige encore en Sardaigne. Les trois versants de la colline sont abandonnés aux négociants, fabricants, boutiquiers, et aux pêcheurs ; ils forment trois faubourgs, connus sous le nom de la Marine, Villa nova et Stampaza. La ville haute, c'est-à-dire le château, a pour base les remparts de Cagliari, immenses mu-

railles, roussies par les rayons d'un soleil éternel, marquées
ça et là de taches rougeâtres, ressemblant à des glacis de
*terre de Sienne brûlée*, et retenant suspendues, entre les
jointures de leurs pierres ébranlées, les grandes chevelures
pendantes des plantes grasses, à fleurs violettes, et les lames
hérissées des aloès gigantesques. Ces remparts qui séparent le château d'avec la ville basse, sont couronnés en
partie par des plantations de vernis du Japon, poivriers,
acacias et arbres verts, formant au sommet de la ville une
couronne de verdure : délicieuse promenade, dans une admirable position, et dont les Cagliaritains sont redevables à
la sollicitude de leur vice-roi.

Le faubourg de la marine, dont les maisons s'échelonnent sur le versant de la colline qui regarde la mer, se compose d'un amas de petites rues sombres et rapides exhalant
une odeur fétide, horrible mélange de poissons gâtés, de
tan et de fromage. Aussi n'ai-je traversé ce faubourg qu'à la
course, et c'est à peine si j'ai eu le temps de jeter un coup d'œil
sur les groupes de pêcheurs choisissant, assis en rond, les *frutti
di mare ;* d'admirer les torses robustes et cuivrés des taneurs
revêtus d'un costume analogue à celui de Léonidas aux Ther-
mopiles, et de contempler les immenses caves pleines d'eau de
mer dans laquelle baignent sans cesse des montagnes de
fromages, spectacle dont les yeux et le nez sont également
réjouis. Des observations trop prolongées dans cet intéressant
quartier vous procureraient certainement une asphyxie complète ; c'est malheureux, car, au dire des Cagliaritains, dans
ce pittoresque faubourg, on est à l'abri du choléra, de la
peste et de la fièvre.

Sur le versant méridional de la colline que couronne le
château, s'étend le faubourg de Stampaza, vrai faubourg St—
Honoré de Cagliari ; les heureux habitants de ce quartier,
rival de son haut et orgueilleux voisin, peuvent recommander

à l'admiration complaisante des rares voyageurs leur grande place publique, qu'ombragent quelques vernis du Japon, un marché couvert des plus odorants, et enfin deux églises, propriétés des Pères Jésuites, grands bâtiments sans caractère, d'une propreté parfaite et d'un goût détestable.

Quant au faubourg de Villanova qui couvre le versant nord de la colline, c'est un pauvre et petit faubourg, sans importance et sans prétention, qui ne vaut pas la peine d'une visite, surtout quand, pour lui rendre cet honneur, il faut affronter tout ce que le soleil peut lancer de plus chauds rayons. — Mais il me semble, Madame, que vous devez vous former sur la topographie de Cagliari une idée suffisamment vague, et, pour peu que je continue encore quelque temps, il va arriver que vous finirez par n'en plus avoir du tout. Aussi je dois laisser là mon tableau général pour vous donner quelques détails, sur les antiquités romaines que possède Cagliari, sur ses monuments moyen-âge, sur ses richesses artistiques enfin ; mais, pour vous rassurer d'avance contre l'effroi que doivent vous causer mes projets descriptifs, je vous préviens, Madame, que je n'ai pour les antiquités en général, et les romaines en particulier, qu'une admiration des plus froides ; que, pendant mon séjour à Rome, au milieu de ses ruines vénérées, je n'ai jamais pu parvenir à m'attendrir, quoique j'évoquasse au secours de ma sensibilité tous mes souvenirs effacés de Tacite et de Tite-Live ; qu'il m'est impossible de tomber en admiration devant un débris de colonne, qu'il se dise de Phocas ou du Forum-Trajan, et qu'en toutes choses j'ai une profonde horreur pour le vieux et le suranné, que l'on est convenu d'admirer sous le nom d'antique et de classique ; qu'enfin, vu peut-être mon ignorance parfaite en toutes ces matières, je professe un superbe mépris pour les connaissances archéologiques, cette science des fils de famille qui ne veulent pas avoir l'air désœuvré et ignorant ;

et maintenant que je vous ai fait cette profession de foi, scandaleuse peut-être, mais à coup sûr rassurante, je commence.

Le lendemain de mon arrivée, après une journée passée toute entière à faire connaissance avec la ville et ses faubourgs, je m'étais réfugié, pour trouver un peu de calme et de fraîcheur, sur la terrasse qui domine le golfe de Cagliari ; là, assis à l'ombre de méchants acacias, une cuillère à la main, j'effilais nonchalamment une glace à la vanille, tandis que mes regards s'égaraient sur cette mer splendide que le soleil couchant illuminait de ses derniers rayons.

Les flots, frémissant au vent du soir, venaient mourir en murmurant sur le rivage, et le bruit de leurs clapottements monotones qui montait jusqu'à moi troublait seul le silence de la nuit. L'heure, la magnificence du spectacle m'entraînèrent peu à peu dans de profondes rêveries, et je me trouvai bientôt dans un de ces moments fortunés, où l'esprit, s'égarant dans un vague indéfini, perd la conscience de son individualité, dans un de ces moments pendant lesquels si quelqu'un vient vous demander à quoi pensez-vous ? vous répondez machinalement : je ne pense à rien. Mais hélas ! c'est une loi de la nature, si quelque secousse physique ne vient brutalement disperser ces douces rêveries, elles dégénèrent bientôt en palinodies philosophiques. Déjà les miennes allaient toucher à cette fâcheuse transformation ; je commençais à gémir et à pleurer en moi-même sur l'incertitude de l'avenir, sur l'inconnu tant poursuivi, sur ces chères illusions dont il nous faut joncher l'arène de notre vie, et, j'arrivais à m'apercevoir de ma solitude, à chercher un ami, un compagnon à mes côtés, et à me demander s'il est des biens physiques ou moraux sur la terre dont on puisse jouir absolument seul, quand soudain, je sentis une main s'abaisser sur mon épaule, et vis en me retournant un beau gendarme assis à mes côtés. Oui, Madame, souriez tant qu'il vous plaira, c'était un beau gendarme qui m'avait reconnu nouveau débarqué dans la ville, et venait sans façon me demander des nouvelles de la terre ferme, me faire ses offres de service. En pays étranger, les connaissances se font vite, surtout si le camarade improvisé parle la même langue que vous ; après cinq minutes de conversation on est intime, et, après une demi-journée passée ensemble, on devient inséparables ; aussi, au bout d'un quart d'heure de promenade sur la terrasse, je savais que mon nouvel ami, qui parlait le français comme sa langue naturelle, était un baron, un baron savoyard-italien, et, qui plus est un baron en disgrâce, relégué dans le corps des chevaux-légers de Sardaigne pour quelque méfait politique. Le baron, qui habitait Cagliari depuis plusieurs années, charmait les ennuis de sa solitude par de savantes recherches sur les antiquités que possède sa patrie de circonstance ; il m'offrit d'être mon cicérone et mon guide, offre que j'acceptai avec reconnaissance. Nous nous donnâmes rendez-vous pour le jour suivant, et je rentrai me coucher, afin de disposer par le repos mes jambes et mes yeux au service extraordinaire que j'en allais exiger le lendemain.

Le lendemain donc, dès la pointe du jour, après avoir vidé un flacon d'un vin généreux et riche de couleurs comme tous les vins de la Sardaigne, nous commençâmes nos excursions artistiques. Nous fîmes quelques pas à l'ombre des acacias, nous franchîmes la porte du château entre deux montagnes d'orangers et à travers les jambes de quelques Sardes endormis sur le chemin, et nous arrivâmes au sommet de la colline ; là, sur une place étroite et raboteuse s'alongent les pauvres façades du palais du vice-roi, de l'hôtel du régent, et, à l'extrémité de la place, le portail de la cathédrale. De ces trois monuments qui couronnent la colline, et dont une partie est suspendue au sommet des remparts, la cathédrale seule mérite quelque attention. On dirait une de ces églises

espagnôles, moitié grecques, moitié bysantines, dont on trouve
de nombreux échantillons dans toutes les rues de Naples ;
le chœur, large estrade de marbre blanc avec incrustation
de pierres polies de toutes couleurs, s'ouvre sur l'unique
nef de l'église, par un escalier flanqué de deux lions de jaspe-
sanguin. Les parois latérales sont ornées chacune de quatre chapelles , n'ayant de remarquable qu'une abondance
de dorures, d'argentures, de rideaux et baldaquins, seul genre
de décoration que cultivent et admirent les races italiennes.
Si j'étais archéologue, il est assez probable que je vous par-
lerais avec admiration de deux tribunes en pierre supportées
par des piédestaux massifs, le tout, recouvert d'images symboliques, telles que, taureaux ailés, humains à jambes four-
chues et autres figures du même genre, qui, pour n'avoir
pas la correction d'un bas-relief de Phidias, n'en feraient pas
moins pâmer d'aise ces aristarques pédants, qui n'ont d'admiration pour les objets d'art qu'en raison de leur vétusté.
Après avoir visité l'église, mon aimable cicérone me fit entrer dans la sacristie. En Sardaigne, comme en Italie, les
sacristies, quelque pauvre que soit l'église dont elles dépen-
dent, possèdent toujours, caché sous un rideau ou derrière
la porte d'une armoire, quelque objet d'art d'un prix inestimable. La sacristie de Cagliari a son trésor : c'est un grand
tableau à compartiments, dû sans doute au pinceau de Velasquez et représentent différentes scènes de la vie de Jésus-
Christ. C'est, comme disent les rapins, magnifique de couleur
et de sentiment ; et c'est tout ce que je vous en dirai, parce
qu'avant tout je veux être court pour être le moins ennuyeux
possible. Sous le chœur de la cathédrale est pratiqué un
petit escalier qui conduit à trois chapelles souterraines, pleines de recueillement et de mystère ; dans l'une, j'ai remar-
qué un autel superbe, dans l'autre, le tombeau de Marie
de Savoie, femme de Louis XVIII, et, dans la troisième ab-

solument rien ; l'autel est composé d'un bas-relief antique, du
marbre de Paros le plus authentique et du style le plus pur,
représentant une fête de Bacchus avec bacchantes échevelées, décolletées par le haut et par le bas, dans des poses
peu orthodoxes ; dansant, riant, chantant, avec cortége
obligé de flûtes, de faunes et de satires. Que dirait de
ce style religieux, le noble comte qui siége en ce moment
à la Chambre-haute ; lui, le père de ces bons petits néo-
catholiques, de cette école nuageuse qui ne parle que des
chefs-d'œuvre et de l'art pur, et qui, au XIX<sup>e</sup> siécle, en
est encore à pleurer d'admiration et d'attendrissement en
contemplant les ombres chinoises de Cimabüe, les mignardi-
ses étiques et ascétiques des martyrs du bienheureux Fiésole
et les raideurs prétentieuses et académiques de l'anguleux
Pérugin ? Ces messieurs probablement se voileraient la face de
leurs mains, sans écarter les doigts, tandis que les bons cha-
nóines de Cagliari, qui n'ont aucune prétention à être savants
dans l'art religieux, regardent tranquillement leur bas-relief
et le trouvent fort beau. Quant au tombeau, c'est un tombeau comme tous ceux que vous connaissez : du marbre blanc,
une urne, une pleureuse, une inscription. Il y aurait certainement à faire des réflexions profondément philosophiques
sur le sort de cette femme d'un roi de France, qui n'a jamais été reine, et dont les restes, chassés du continent par les
révolutions et les guerres, sont venus trouver un abri dans le
souterrain d'une église ignorée, dans une ville délaissée, et
au milieu d'un peuple qui ne la connaissait pas. Mais, il faut
bien laisser quelque chose à l'imagination de ses lectrices et
de ses lecteurs.

Toujours au sommet de la colline, mais à l'extrémité op-
posée, s'élève l'enceinte vénérée, cloîtrée et enfumée, de l'A-
cadémie des sciences et des lettres de Cagliari ; car cette
bonne ville possède une académie, et n'en est pas plus

fière pour cela , ni plus savante. Après avoir traversé la
cour de cette académie , dont les pavés disjoints laissent
passer une herbe accusatrice , nous entrâmes dans le Mu-
séum. Je saluai, en passant, une foule alignée de peaux de
lièvres, de lapins, de chats, de chiens, de panthères etc.,
rembourées de foin et de filasse, et connues généralement
dans les cabinets d'histoire naturelle sous le nom d'animaux empaillés. De là, nous entrâmes dans le cabinet des
antiques ; Monsieur le baron me fit remarquer une riche
collection de vases, d'urnes et autres pots cassés. Ensuite
avec une admiration pleine de recueillement, il me plaça
devant une série d'affreuses petites idoles phéniciennes, que,
dans mon ignorance, je pris pour des araignées en terre
cuite, et devant un assortiment de pierres mystérieuses, couvertes de signes hiéroglyphiques plus mystérieux encore ; s'il
faut en croire les savants, ces petites idoles phéniciennes seraient ce que la Sardaigne renferme de plus précieux. Monsieur de la Marmora, l'autorité scientifique la plus incontestable de l'Italie, en a publié une reproduction exacte dans
son magnifique ouvrage sur les antiquités sardes. Quant aux
pierres symboliques, leur importance est telle qu'elles pourraient mettre, sur la voie des plus grandes découvertes, ces
hommes profonds, qui consacrent beaucoup de jours de leur
vie et beaucoup d'in-octavo à nous apprendre que le grand
roi Salomon prenait des glaces à la vanille et des sorbets
au marasquin ; que la reine Cléopâtre, pour séduire Octave,
frottait ses talons de rouge, et que Sésostris pêchait à la
ligne.

En quittant le Musée, nous descendîmes une petite rue
rapide qui nous conduisit à la tour de l'Éléphant ; cette tour,
dont la construction remonte à l'époque de la domination
pisane, en Sardaigne, n'est autre chose qu'un immense dé
de pierres, doré et *culotté* comme un grand morceau d'am-

bre ou de fromage de Gruyère, orné d'une herse de fer, de créneaux, de meurtrières et d'un petit éléphant sculpté qui lui donne son nom. De là, nous rentrâmes dans les rues tortueuses du château, suivant avec précaution les pieds fangeux et puants de pauvres maisons, percées tristement et capricieusement de petites fenêtres bâtardes, auxquelles sont suspendues, à la mode méridionale, des vêtements et des draps d'une propreté équivoque, et derrière lesquels on voit apparaître, de temps en temps, de silencieuses figures de jeunes filles qui disparaissent dès qu'on les regarde. Après avoir marché pendant quelque temps, nous nous trouvâmes au milieu d'une grande cour fermée d'un côté par une caserne, et de l'autre, par une prison, les deux plus affreux monuments qu'ait inventés la civilisation ; nous tournâmes à droite, et descendîmes dans le jardin de la ville. Ce jardin, création toute moderne, galanterie qu'un des derniers vice-rois de Sardaigne a fait aux Cagliaritains avec leur argent, n'offre encore ni feuillages épais, ni gazons attrayants ; mais la magnificence de sa position fait oublier cette absence de verdure que le soleil peut-être rendra éternelle.

Aux pieds de la colline, sur le versant septentrional de laquelle est le jardin, s'étend une plaine immense, cultivée et fertile comme les plaines de l'Auvergne, coupée çà et là par des bouquets d'oliviers et d'orangers, et par de larges étangs sur lesquels se promènent des troupes de flamands qui, pour me servir du style-Chateaubriand, s'élèvent de temps en temps dans les airs, tendant le cou, allongeant les pieds semblables à des flèches empennées avec des plumes couleur de rose. Dans le lointain se développe une longue chaîne de montagnes, dont les plis sombres et profonds font deviner à l'imagination des trésors de retraites embaumées et de mystérieux feuillages. Derrière ces montagnes se dressent les sommets bisarres et déchirés de l'Arizou, que couronnent des

neiges éternelles ; à droite s'étend la mer, cette mer bleue
et transparente des côtes d'Italie.

Le jardin est orné d'un petit monument grec, sans destination, et d'une statue de la célébrité féminine de la Sardaigne,
Eléonore d'Abore. Cette dame, a en croire les chroniqueurs du
pays, était un bas-bleu fort distingué de son époque, et l'on ra-
conte encore sur son compte une foule d'anecdotes, de facéties et gaillardises. Mais ce qui l'a rendue à jamais célèbre,
c'est le code dont elle a doté sa patrie, et qui fut longtemps en usage en Sardaigne, sous le nom de Carta de Luo-
gou. Maintenant, Madame, je vous demanderai la permission
de faire une petite halte dans le premier café que nous ren-
controns au sortir de la promenade, pour nous reposer l'une
et l'autre, vous, des efforts d'attention auxquels vous soumet
mon bavardage de touriste, et moi, des fatigues de ma péré-
grination, sous les rayons d'un soleil de midi, qui commence à
mettre en ébullition les cervelles de votre narrateur.

C'était un franc cabaret que le café où nous entrâmes ;
un cabaret du dernier ordre, des bancs disloqués, des tables
boiteuses, un véritable mobilier de Saltabadil ; des murs noircis, tachés, graisseux et enfumés, ornés d'une guenille de
soie rouge brochée or, qu'entourait une guirlande de fleurs
de marais, le tout représentant la sainte Madone, patrone
de l'établissement. Dans le fond, protégé par un demi-jour
mystérieux, une belle femme adossée à la muraille préparait
le café brûlant, l'eau-de-vie, le vin chaud, le tabac et autres rafraîchissements demandés. Plus j'examinais cette femme, plus je la trouvais belle ; ses cheveux, bleus comme les
ailes d'un corbeau, collaient à ses tempes et retombaient en
larges torsades rejetées derrière ses épaules ; ses sourcils noirs
et minces comme un trait de plume, dessinaient un arc par-
fait au dessus de l'orbite profond de ses yeux de gazelle ;
aussi, quand son regard, toujours noyé dans une ombre dia-

phane, venait à rencontrer celui de l'étranger, il lui jetait au
cœur un trouble involontaire ; l'étranger, franchement, était
fasciné par cette tête brune d'un blanc mat, par ce regard
dominateur, par les plis dédaigneux de ses lèvres épaisses,
et par sa taille ronde et cambrée, souple comme le cou d'une
cigogne. Il paraît que son admiration était profonde et beaucoup trop sentie, car son guide lui montra tout-à-coup du
doigt au fond de l'arrière-boutique deux yeux braqués sur sa
personne, mais des yeux comme on n'en rencontre plus qu'à
l'extrémité de la Calabre, ou du *Journal des Débats*, les jours
de feuilleton Dumas, Süe ou Soulier ; deux yeux, ornés d'une
moustache terrible et d'une perruque samsonnienne, et armés, en guise de poignard, d'un couteau de cuisine passé à
la ceinture. L'apparition du tyran féroce et jaloux éteignit
sur le champ mon ardeur ; je rengaînai mes œillades artistiques, et le compliment italien que je machicotais entre mes
dents pour le moment décisif, où je me serais approché de la
belle pour solder ma consommation. Ne pouvant plus faire
d'étude sur la personne de mon hôtesse, je reportai mes regards sur l'estimable assemblée au milieu de laquelle je me
trouvais.

La réunion était silencieuse, quoique nombreuse, mais
les Sardes sont peu babillards par nature ; le jour, ce
qu'ils pourraient se raconter étant d'un médiocre intérêt, ils
se taisent ; mais le soir, ce qu'ils ne trouvaient pas la peine
d'être raconté le matin, ils le chantent suivant le principe
constaté par Figaro. Donc, n'ayant pas le bonheur d'entendre
leur ramage, j'examinai leur plumage. Or, si j'adoptais le système des rapports de maître renard, j'aurais de leur ramage
l'idée la plus avantageuse. Ce n'est pas que ces messieurs fussent bien mis, au contraire ; leur costume était malpropre et déchiré, mais élégant et pittoresque. Des bonnets de laine pri-
mitivement rouges ou bleus, mais passés au jaune et au vert

par l'effet des années et de la transpiration, couvraient leur
tête basanée et retenaient à peine de longues tresses de cheveux qui leur pendaient au milieu du dos ; leur chemise blanche était fermée autour du cou par deux gros boutons d'or ci-
selé, et débordait sur les épaules et sur la poitrine. Un petit
gilet de velours, de couleur éclatante ; ce gilet coupé en pourpoint moyen-âge, et se boutonnant dans le dos, se perd dans
un petit pantalon blanc recouvert d'une jupe noire qui ne
descend pas plus bas que le genou. Par dessus le justaucorps,
les uns portaient une veste de drap, d'autres une peau de
mouton, d'autres enfin ne portaient rien. Quant aux bas
et aux souliers, ces messieurs en faisaient l'économie. Leur
tenue n'était pas irréprochable. Quelques uns étaient assis à
terre, les jambes retroussées et serrées l'une contre l'autre,
humant silencieusement le café et la liqueur, et fumant dans
de petites pipes de terre rouge adaptées à de longs tuyaux
de roseau. D'autres trouvaient plus commode d'étendre leurs
jambes sur les tables, ou de s'asseoir sur le seuil de la porte,
exposant ainsi leur dos, de gaieté de cœur, aux coups de
pieds des amateurs qui entraient et sortaient. Tous enfin se
livraient aveuglément à leur attraction passionnelle, et
pourtant les œuvres et le nom de Fourrier leur sont parfaitement inconnus, aussi inconnus du reste que le nom
et les théories de tout autre philosophe. Les Sardes, en
effet, vivent dans une ignorance et une indifférence profonde sur toutes les questions de ce genre ; ils ne se dou-
tent pas du grand mouvement d'idées qui s'opère au XIXe
siècle, et même ils ne sont pas le moins du monde humanitaires, les malheureux ! Ils n'ont pas encore, comme nous,
le bonheur de voir s'élever chaque jour, des églises et des
philosophies nouvelles, mais ça leur viendra ; ils ne sont pas
entourés de sublimes faiseurs de théories et de méthaphores
qui conduisent au septicisme, nous laissant dans l'impossibi-

lité de savoir ce que nous devons croire ou nier, aimer ou
haïr. Eux, ils croient à Dieu et à la sainte Eglise ; ce qu'ils
aiment, c'est le café, la pipe et les belles femmes ; ce qu'ils
haïssent, c'est le travail et les Piémontais. Cependant leur catholicisme, hélas ! mal compris, ne les empêche pas d'être
voleurs, assassins et fort libertins. Mais la faute, diront nos
utopistes, en est sans doute au soleil qui leur envoie des
rayons plus chauds qu'à nous ; les mœurs de notre monde
n'étant pas et ne devant jamais être celles des climats où
les hommes ont toujours le sang en ébullition, et où les femmes, nubiles à douze ans, sont vieilles à trente.... Je m'ar-
rête... Si j'entrais une fois dans les théories humanitaires je ne
prévois pas à quel terme aboutiraient mes tartines philosophiques, et nous aurions grandement à craindre de rester in-
définiment dans le cabaret où j'ai eu l'audace de vous
introduire.

Ah ça ! mon cher, vous avez donc envie de vous faire
administrer quelques coups de poignard ! s'écria mon cicérone, dès que nous fûmes au milieu de la rue ; vous tom-
bez amoureux de la fauve Antonica, et vous ne vous inquié-
tez pas le moins du monde de cacher ou non votre amour à
son tyran jaloux !!! — Qu'est-ce donc que cette belle Antonica ? m'écriai-je étourdiment. — Ah ! c'est toute une histoire, et
je vais vous la raconter pendant que nous monterons au couvent des Capucins. — J'acceptai sa proposition avec reconnaissance, en déplorant, à part moi, l'imprudence de mon exclamation ; après tout, pour un gendarme et pour un baron, mon
guide n'écrivait point mal. Au reste, vous allez en juger vous-
même.

Vous voyez, me dit-il, ces montagnes qui environnent
le golfe et s'étagent au loin le long de la côte. « En effet,
nous avions à notre gauche un rideau de montagnes dont
les plis sombres et multipliés se perdaient à l'horizon : » —

eh ! bien, sur le sommet le plus inaccessible, entre ces deux pics
nuageux que vous pouvez apercevoir (et, à propos, c'est une
ascension que nous ferons ensemble, je veux vous conduire
aux pics des Sept-Frères, héros d'une terrible histoire qui
vous intéressera grandement), je vous disais donc, qu'entre
ces deux pics nuageux, Dieu a préparé pour les chamois et
les mouflons la retraite la plus sûre et la plus délicieuse que
puisse rêver l'imagination d'un poëte amoureux; c'est un
charmant vallon, traversé par un clair ruisseau, ombragé par
de grands chênes verts et par d'épais carroubiers, suspendu
au sommet d'immenses rochers coupés à pic, qui en rendent
l'accès impossible. Une bande de voleurs, de pillards, de ré-
fractaires, de forçats évadés, d'assassins et autres mortels
respectables, connus généralement en Corse et en Sardaigne sous le nom de brigands, y avaient établi leur repaire,
sûrs de n'y pas être dénichés. Des moines, les Sept-Frères, y
ont remplacé les brigands, mais moines ou brigands c'est
toujours même gibier de potence, avec cette différence que
notre gouvernement méprise et fusille les premiers, et qu'il
craint et protège les seconds.—« Je reconnus que mon guide
était, comme tout italien, voltairien et prêtrophobe. » —Nos
bandits vivaient là à l'abri de nos poursuites; ils fuyaient sans
cesse devant nous, disparaissant dans les crevasses des montagnes, et gagnaient leur repaire inaccessible par des sentiers
inconnus. Un soir enfin, après une chasse pénible et péril-
leuse qui avait duré toute la journée, une chasse aux brigands, qui comme toujours s'étaient évanouis devant nous,
ensevelis dans leur retraite de feuillage, nous étions assis
en rond autour d'un grand feu de genevriers, allumé pour
assainir l'air humidifié par des cascades de brouillards qui
dégringolaient sur nous du sommet des montagnes. La nuit
était sombre ; la flamme, que le vent tourmentait, se tordant
tantôt à droite, tantôt à gauche, éclairait par moment les

profondeurs d'un précipice, qu'elle abandonnait bientôt à l'obscurité pour faire saillir à nos côtés les flancs pelés de la montagne, quand soudain nous vîmes apparaître au milieu de notre cercle silencieux... Regardez donc à votre droite, me dit brusquement mon aimable cicérone! » —A cette habile et provoquante interruption, je reconnus un liseur de feuilletons ; je me retournai, j'étais en face d'une caverne de quelques mètres de hauteur, d'une largeur analogue, et dont l'intérieur n'avait rien de mystérieux, mais était ignoblement odorant. Je regardai mon guide avec le regard d'un homme qui ne comprend pas. Alors il me fit remarquer, gravée en relief, la figure d'une grande vipère qui s'alongeait sur la pierre au dessus de l'entrée de la caverne. Je suis un profond ignorant ; aussi, à l'aide de cette vipère, je ne pus jamais parvenir à reconnaître que ce caveau fût le tombeau d'une jeune fille morte d'amour en attendant l'arrivée de son royal fiancé occupé en Espagne à guerroyer contre les Maures. Quant à mon guide, la présence de la vipère lui faisait penser avec quelque raison que ce devait être le tombeau de Cléopâtre. C'était son opinion et il y tenait.

— Et notre apparition, mon cher, qu'en faites-vous donc? Je veux avoir ma fin. — Patience ; nous allons monter ici par ce chemin nouvellement tracé, nous arriverons bientôt à l'amphithéâtre romain, d'où nous verrons le soleil se coucher dans la mer, marchons lentement et écoutez-moi.

« L'apparition n'était rien moins qu'un grand diable de six pieds de haut, coiffé d'un grand bonnet rouge qui lui tombait sur les yeux et porteur d'une grande barbe noire qui noyait ses jours creuses et son menton pointu ; il était armé jusqu'aux dents, mais sa chemise tigrée de larges taches de sang, nous fit voir que quelques-unes de nos chevrotines étaient allées à leur adresse ; ce diable était un

brigand, blessé, incapable d'échapper longtemps à nos poursuites, il venait acheter sa vie en vendant celle de ses compagnons ; ce brigand était un traître. Les conditions discutées
et le marché conclu, nous nous préparâmes, pour le lendemain, à marcher à sa suite à travers les sentiers inconnus qui
devaient nous ouvrir leur retraite inaccessible. Dans ce même
moment, voici ce qui se passait dans l'intérieur de la cabane
d'un bandit, au sommet du pic des Sept-Frères ; écoutez bien,
c'est la partie intéressante de mon histoire.

« Un vieillard est accroupi auprès d'un brasier, qui pétille au
centre de la chambre et qu'il inonde de fumée, car je vous dirai, sans m'interrompre, que les Sardes qui ne craignent pas la
fumée, n'ont pas encore eu l'idée de construire des cheminées ;
aussi il faut vous attendre, dans ce beau pays, à manger des rôtis
beaucoup plus fumés que tous les jambons de Mayence, mais
beaucoup moins délicats. Quant à notre vieux, il n'avait pas
plus l'air de s'inquiéter de ces nuages asphyxiants que s'il eut
été occupé à se rôtir les tibias devant une cheminée à la prus-
sienne. De sa main droite il attisait machinalement la flamme
expirante ; de sa poitrine il tirait de profonds soupirs, tandis
que ses yeux étaient fixés sur une jeune et belle femme silencieusement assise au fond de la cabane. — Ma fille, lui disait le vieillard, que fait donc ton mari ? La nuit est déjà bien
sombre, et il ne revient pas. Mon Dieu ! s'il lui était arrivé
quelque malheur ! Oh ! si mon fils, si mon Morigedou était
tombé aux mains des Piémontais !...—Mais sa fille, immobile
et silencieuse comme une statue de marbre, laissait errer autour d'elle un farouche regard, sans répondre une parole aux
questions inquiètes du vieillard. Enfin, vaincue par les obsessions paternelles, elle se lève, elle marche à pas précipités ; son
cœur, gonflé d'amertume, agite et soulève sa poitrine ; ses
doigts se promènent convulsivement dans les tresses de ses
grands cheveux noirs dénoués, puis s'arrêtant immobile de-

vant le vieillard et tordant avec désespoir ses bras autour de sa tête : —Père, s'écrie-t-elle, ce soir à la tombée de la nuit, un homme de la montagne, un Sarde, un brigand comme nous, a vendu ses frères au commandant des chevaux-légers ; demain, cette nuit peut-être, les soldats, guidés par le traître, vont venir nous surprendre dans notre retraite inaccessible ; cet homme, je le connais. —Et tu ne l'as pas tué ? s'écria le vieillard en bondissant sur ses pieds. —Ah ! vous venez de le juger mon père, le traître périra, et demain je serai veuve, et demain vous n'aurez plus de fils, car cet homme est Morigedou.—A ce nom, le vieillard resta anéanti, sa tête s'affaissa sur sa poitrine, sa bouche s'entrouvrit, sans pouvoir laisser échapper une parole, et ses deux bras retombèrent sans vie à ses côtés ; il y eut un moment de silence affreux. Soudain, un violent coup de crosse de fusil ébranla la porte.—N'ouvre pas, s'écria le vieillard ; au nom du ciel, Antonica, n'ouvre pas, et pourquoi donc ? répondit froidement la jeune fille, qui laissa tomber sur son infortuné père un regard dédaigneux, je vais ouvrir !—Je te le défends, tu n'iras pas.—Et le pauvre vieillard se cramponnait au bras de sa fille. Antonica lutta quelque temps contre l'étreinte paternelle, puis, par un violent effort dégageant son bras des mains affaiblies qui le retenaient, elle marcha droit à la porte... »

—Oh ! mon Dieu ! que c'est beau ! m'écriai-je tout à coup en atteignant le sommet de la colline. —Ce cri d'admiration qui interrompit une deuxième fois mon narrateur, m'était arraché par la magnificence du spectacle qui se déroulait sous mes yeux.

Devant moi, à mes pieds, la colline était éventrée jusqu'à la plaine par un large ravin, s'arrondissant en demi-cercle ; les crêtes du ravin étaient hérissées de cactus énormes et de gigantesques aloès, et couronnées sur la droite par trois sycomores qui ombragent l'humble couvent des Capucins ; à gau-

che, au dessus de la pente de la colline, j'apercevais les clochers et les coupoles de la ville qui se dressaient dans les airs,
blanches sur un ciel d'azur ; la mer tranquille et infinie s'é-
tendait à l'horizon. Dans les roches calcinées qui recouvrent
les flancs du ravin, les Romains ont taillé d'immenses gradins
qui descendent jusqu'aux pieds de la colline ; nous parcourû-
mes leurs rangées successives, broyant sous nos talons les
grandes herbes desséchées, effarouchant les sauterelles re-
tentissantes qui s'élevaient devant nous en nuageuse volée,
découvrant à travers les figuiers mauresques, qui s'agraffaient
au terrain par de robustes racines, des inscriptions romaines
à moitié effacées ; jusqu'à ce qu'enfin nous nous trouvâmes
au fond de l'amphithéâtre. Le dos tourné à la plaine, je
contemplai longtemps avec admiration cette enceinte gigantesque, creusée par la nature, façonnée par la main des hommes, et dans laquelle une population bruyante et empressée
venait assister à ces spectacles merveilleux, dont hélas! géné-
ration dégénérée, incapable de rien de grand, même pour nos
plaisirs, nous avons perdu l'intelligence et le secret. Le silence était solennel, la solitude était complète ; pourtant un
troupeau de maigres moutons broutait l'herbe grillée accro-
chée aux gradins, et un pâtre, assis à leur sommet, jetait
dans les airs sa chanson nasillarde, dont le vent parfois nous
apportait le refrain.

Monsieur le baron, qui connaît les richesses archéologiques
de Cagliari beaucoup mieux qu'un Cagliaritain, a découvert,
aux pieds des gradins, caché sous les feuilles des cactus,
un souterrain , s'enfonçant sous les rochers ; il aboutit à
une autre crevasse qui coupe la colline parallèlement à
l'amphithéâtre, et dans laquelle est situé l'humide jardin des
Capucins. Ce conduit était destiné à amener les eaux né-
cessaires à la célébration des jeux nautiques ; il se lie , en
effet, à d'immenses citernes taillées dans le roc et revêtues

encore de ce stuc rouge, dont les Romains recouvraient les parois de leurs réservoirs. Deux sources superbes, les seules eaux limpides et réellement potables de Cagliari, et qui devaient alimenter les citernes, arrosent aujourd'hui le petit vallon de la Capucinière. Dans ce pays aride et desséché, les eaux courantes ont fait de ce vallon une retraite d'une fraîcheur délicieuse, où murissent de belles oranges, suspendues à des rameaux toujours en fleurs, et où se balancent les roseaux, aux longues tiges, que couronnent de beaux lys couleur de safran. Les bons Pères gardent leurs sources, comme un Espagnol garde sa femme ; cependant, ils ont la générosité d'en distribuer quelque peu aux Cagliaritains qui veulent bien la leur payer; un jour, les Cagliaritains les leur prendront et ne leur donneront rien en retour.

Du sommet de l'amphithéâtre, nous vîmes le soleil s'abaisser lentement à l'horizon et éteindre ses derniers rayons dans les flots embrasés. Nous reprîmes alors tranquillement le chemin de Cagliari, appuyés sur le bras l'un de l'autre ; mon guide continua sa narration, et moi je l'écoutai, tout en laissant mes regards errer sur les profils des montagnes, qui découpaient sur le ciel leurs sombres silhouettes, et poursuivre sur le golfe les barques éclairées, qui couraient sur les flots comme des étoiles filantes.

—« Antonica, d'une main ferme, tira le verrou de la porte, et Morigedou entra. Son visage était pâle et défait, sa marche chancelante et mal assurée ; son père se leva pour aller à sa rencontre, mais une horrible pensée lui traversa le cœur, et il se rassit silencieusement ; sa femme, immobile, tenait attaché sur lui un regard farouche. — Eh ! bien, grommela Morigedou d'une voix sombre, en désarmant son fusil qu'il appuya contre la muraille : voilà comme on me reçoit, moi qui tout le jour ai battu la montagne pour éloigner nos ennemis, moi qui pour vous, aujourd'hui encore, ai répandu mon sang; —et, en disant cela, il déboutonnait son pourpoint, et leur montrait les marques saignantes qui couvraient sa chemise.—Blessé,... tu es blessé, mon fils! s'écria le vieillard dans un transport de bonheur, et il regarda Antonica d'un air triomphant. Antonica sourit dédaigneusement.—Mon fils, continua le vieillard, en lui serrant les mains, tu souffres, tu es fatigué; étends-toi là, près du feu. — Donnez-moi à boire, répondit sèchement Morigedou.—Antonica, calme et muette, lui présenta un vase de terre rempli de malvoisie, dont il but quelques gorgées, et le lui rendit. Antonica prit le vase et vida le reste du vin sur le plancher de la cabane.—Laissez-moi en paix, dit le brigand à son père, qui se rapprochait de lui; la nuit et la journée ont été pénibles; on me prépare, là bas, pour demain une terrible besogne, j'ai besoin de repos. —Il s'étendit sur un tapis de peau de moutons, jeté dans l'angle de la cabane, et s'endormit aussitôt. Antonica s'approcha du vieillard, qui priait à genoux au pied du lit de son fils, ramassa la veste de son mari roulée à ses côtés, et vint s'agenouiller auprès du brasier. Le vieillard se leva et la suivit : alors, sans proférer une parole froide, impassible, elle retourna les deux poches de la veste, l'une après l'autre; de la première , elle retira une bourse qu'elle vida auprès du feu , elle contenait vingt-cinq pièces d'or !... Un frisson nerveux secoua les membres du pauvre père, et une sueur glacée perla à son front. De l'autre poche, Antonica tira un papier et l'étala sous les yeux de son père, en l'éclairant avec un tison pour qu'il pût lire plus facilement : c'était un sauf-conduit pour Morigedou et pour lui seul!... Le vieillard anéanti tomba le front contre terre. Antonica, rapide comme l'éclair, courut à la muraille, saisit le fusil de son mari, et l'arma. Au craquement du chien, le vieillard dressa la tête et vit Antonica, qui, la main appuyée sur la détente du fusil, marchait vers le lit de son mari. Un cri horrible s'échappa de sa poitrine.

2*

Morigedou éveillé, bondit sur ses pieds; un trait de lumière illumina la chambre, et une détonation terrible ébranla les murs de la cabane...... »

En ce moment un roulement de tambour frappa nos oreilles : —La retraite ! mon cher, la retraite ! s'écria mon guide : il faut que je me sauve au quartier; mais demain j'aurai le plaisir de vous revoir. N'y manquez pas, je vous en prie. — Oui, oui, vous aurez la fin de mon histoire. — Et il disparut dans l'ombre d'une petite rue, emportant avec lui la fin de son drame et sa gaîté communicative.

Resté seul, je repris tranquillement le chemin de ma locanda, mourant de faim, exténué de fatigue, ruminant laborieusement en ma pensée les mille objets contemplés pendant cette longue journée, et me promettant d'étudier un peu le lendemain les mœurs et les coutumes de ces populations inédites. Mais ces observations allongeraient démesurément cette première épitre, et fatigueraient votre complaisante attention; donc, accomplissant jusqu'au bout votre rôle de correspondante, agréez les remercîments et les hommages de votre humble serviteur.

## II<sup>e</sup> LETTRE.

A MONSIEUR M***.

*Sancta simplicitas*, sainte innocence, comme dit Mephis-
tophelès ! Un jeune homme a passé la nuit entière sous ma
fenêtre, à contempler une séduisante beauté, ma voisine.
Parfois la belle, passant la tête à travers les rideaux qu'elle
écarte de sa main blanche et coquette, laisse tomber un mélancolique regard sur son doux ami. Celui-ci, la tête pen-
chée sur l'épaule, les yeux en cœur et les mains jointes,
redouble, à chaque apparition, ses signes télégraphiques
amoureux : quelquefois cédant au transport qui l'enivre,
il grimpe sur la borne, se dresse sur la pointe des pieds,
tend le cou, allonge les lèvres, et alors, semblable au délicieux
Paolo du peintre divin, connu sous le nom harmonieux de
Ingres, il savoure longuement un humide baiser sur la main

que son amante, accroupie contre le balcon, a laissé pendre
en dehors.

Après une année entière de cette gymnastique sentimen-
tale et d'une fidélité immaculée, il lui sera permis de demander officiellement à son Géronte la main de la *Novia* de son
cœur.....

Cependant, depuis l'aube du jour les cloches d'une église
voisine carillonnaient en fête, je résistai longtemps à leur
invitation bruyante ; mais enfin, vaincu par leur obstination,
je me résignai, et, m'arrachant aux douceurs d'un repos
qui ne m'était plus permis, je m'habillai à la hâte et sortis.
Je suivis machinalement la direction que m'indiquait le son
des cloches, le cœur encore tout ému de l'innocence bap-
tismale de ce bon jeune homme, et des grâces agaçantes
de sa gentille fiancée. J'arrivai donc sans trop savoir comment
sur la place de Stampaza, devant l'église délabrée de Saint-
Antoine, vieux monument espagnol, à colonnes torses, à
portique enluminé et sillonné en tous sens de vivantes
arabesques, mais ruiné, usé, lavé et délavé par les ans,
le soleil et la pluie. Dans le clocher à jour, on apercevait
trois oiseaux d'airain, comme dit Hugo, sur le ventre desquels un homme s'escrimait à coups de marteau avec la vo-
lubilité et la précision d'un timbalier du plus grand mérite.
Je suivis la foule, compacte et recueillie, qui assiégeait la
porte de l'église; j'entrai avec elle dans une grande salle
carrée, sombre, misérable, dont le toit, soutenu par une char-
pente autrefois peinte, laissait briller çà et là quelque pan de
la robe céleste, et dans laquelle le vent, le soleil la pluie et les
oiseaux pénétraient librement par des fenêtres dont les vitres
étaient absentes. Aux deux murs latéraux étaient adossés
d'antiques autels de bois vermoulus et rongés, conservant
encore quelques lambeaux de dorure et de verroterie : au-
dessus de ces autels étaient suspendus des triptyques espagnols,

dont les peintures ascétiques et monacales étaient rayées en
tout sens par l'ongle du temps et des sacristains, et recouvertes d'une couche de suie épaisse et impénétrable. Dans
le fond, majestueusement dressé au sommet d'une longue
échelle de gradins, s'étendait le maître autel hérissé de
chandeliers boiteux et de vases biscornus. Je cherchai la
pierre la moins malpropre et la moins humide et m'y pros-
ternai respectueusement.

'Le service divin était commencé, des moines d'un ordre
inconnu, aux regards ténébreux, aux joues évidées, portant
sur un front rasé une auréole de cheveux noirs, et sur leurs
épaules des lambeaux d'ornements, psalmodiaient les louanges du Seigneur avec des voix tantôt vibrantes et nazillardes,
tantôt sombres et gutturales, étranglées par un gosier desséché. Quoique dans le lieu saint, je me livrai à une série
d'observations quelque peu profanes, mais excusables de la
part d'un étranger ? Autour de moi la foule était compacte, et, comme en tout pays, les femmes y étaient en
grande majorité ; les unes brillantes de santé, aux formes robustes et élégantes, au visage épanoui, portant la jupe de
laine rouge et le corset de velours noir, galament retroussé et
enfilé sur une chemise blanche, qui dessine scrupuleusement
les sinuosités de leur riche poitrine: pieds nus, mains jointes,
accroupies sur leurs talons, elles récitaient le chapelet qu'elles
accompagnaient de grands signes de croix et de *mea culpa*
retentissant ; c'étaient les femmes du peuple. Les autres, serrées,
billonnées, saucissonnées dans des corsets mécaniques, age-
nouillées sur des prie-Dieu modernes, étaient habillées à la
mode, à la mode d'il y a six ans ; c'est-à-dire, qu'elles
étaient coiffées d'immenses chapeaux jaunes ou roses, rebuts
des modistes turinoises, qu'elles portaient d'affreuses robes,
de couleur indécise, semées de petits bouquets presque invisibles, et qu'en un mot, leur toilette, comme celle de toutes

les femmes *comme il faut*, attestait cette suprême horreur de
tout ce qui est pittoresque ou caractéristique ; c'étaient, en
effet, les chatelaines et les bourgeoises de Cagliari. Cependant
le goût natal se trahissait, de ci, de là, dans leur accoutre-
ment, soit par un fichu cramoisi rayé de jaune, soit par une
ceinture vert perroquet, ou par des cascades de chaînes d'or,
de colliers de verre, de pendants d'oreilles étincelants et
autres bijoux de toute espèce. Je restai dans l'église jusqu'à
la fin de la cérémonie qui était une messe funèbre, et
m'adossai aux gradins d'un des autels pour examiner en
détail la foule des fidèles qui se retiraient en défilant devant
moi. Hélas ! hélas ! c'est une triste vérité à confesser, la
beauté est chose rare en tous pays, en Italie comme en
France, en Sardaigne comme en Italie !

Les chants avaient cessé ; les cierges fumaient en mourant
sous l'étouffoir du sacristain ; l'église était déserte, et ne
conservait de la cérémonie que cette odeur pénétrante de
colophane, dont les prêtres, ici comme ailleurs, parfument les
temples, sous prétexte d'encenser l'Éternel ; enfin, j'allai me
retirer, quand je vis s'avancer de mon côté une femme voilée,
enveloppée dans une mante noire, qui, posée sur sa tête, tombait à ses talons ; elle vint à moi, et, sans relever son voile
qui me dérobait sa figure, sans proférer une parole, me prit
par la main, me conduisit lentement jusqu'au pied de l'autel
et me fit signe de m'agenouiller à ses côtés. — Noble étranger, me dit-elle alors, absolument comme la nymphe Calypso
parlant à Ulysse ou à son fils Télémaque, avec cette différence pourtant que ma pleureuse s'exprimait en italien choisi
et élégant, et que sa voix trempée de mélancolie était autrement séduisante que celle de la déesse, noble étranger,
veuillez prier un instant avec moi, pour l'ami que Dieu vient
de m'enlever ; ma prière, appuyée sur la vôtre, lui sera peut-
être plus agréable. — Je ne répondis rien, mais je restai

agenouillé quelques instants, puis je me relevai doucement, et m'éloignai , laissant en prière ma compagne éplorée , et répétant encore entre mes dents : *sancta simplicitas !* ô sainte innocence ! ! ! !

Mais il me semble voir votre front se rembrunir, et je crois vous entendre envoyer à mon adresse les épithètes peu bien-veillantes de Voltairien et de sceptique? Non, Monsieur et cher ami, je ne suis point Voltairien, au contraire, je professe pour cette philosophie desséchante et railleuse , ennemie mortelle de l'idéal et de toute poésie, une aversion pro-fonde et insurmontable ; si donc parfois quelques réflexions moqueuses, un ton un peu trop dégagé effrayaient votre orthodoxie, souvenez-vous que je vous écris du milieu d'un peuple ignorant et superstitieux, soumis à des seigneurs qui le volent et l'outragent, dominé par un clergé insolent et cupide. Quant à l'accusation de scepticisme, vous me con-naissez assez pour qu'il ne me soit pas nécessaire de me défendre ; je suis un homme d'espérance, mais je suis aussi un homme de bonne volonté : *et in terra pax hominibus bonæ voluntatis.*

En rentrant chez moi je trouvais un billet à mon adresse, il venait du palais de la vice royauté, c'était une invitation à dîner que le vice-roi daignait m'adresser pour le jour même. J'étais redevable de cette invitation à l'un de mes aimables compagnons de voyage, M. le chevalier Ferrand, homme éminent, qui joint aux qualités les plus séduisantes de l'esprit et du cœur, des connaissances aussi variées que profondes, et qui a fondé en Sardaigne une exploitation agricole, dirigée par lui: le plus vaste peut-être, mais, à coup sûr, le plus florissant établissement de ce genre. J'avais encore, avant l'heure indiquée, de longs moments à ma dis-position ; je rêvassai un peu, je fumai encore plus et je dormis beaucoup, et l'heure du départ arriva.

Le salon de son Excellence était brillamment garni : outre quelques officiers supérieurs qui étaient là en compagnie de Monsieur le Régent et du capitaine de *la Gulnare,* bâtiment sur lequel j'avais fait ma traversée, j'eus le plaisir d'y retrouver quelques-uns de mes compagnons de voyage. La conversation s'engagea péniblement, elle fut intéressante et animée, comme elle devait l'être entre personnes qui se voyaient pour la première fois, pour la dernière peut-être. L'entrée du vice-roi, autour duquel chaque convive vint se grouper, après les révérences d'usage, mit chacun un peu plus à l'aise, et réchauffa les amabilités par ordre. Le dîner était somptueux, dîner à la française, mets et langue compris, et canoniquement arrosé des vins de France les plus authentiques, et des vins de Sardaigne les plus chauds et les plus parfumés, vins délicieux, qui plus connus occuperaient la première place dans la cave d'un gourmet parisien. L'affabilité de son Excellence, qui sait en homme d'esprit mettre de côté, autant que possible, le cérémonial et l'étiquette, réussit à faire éclore un peu d'entrain et de gaîté dans un dîner de cérémonie. La causerie, longtemps indécise, s'arrêta bientôt sur le sujet qui intéressait le plus la portion voyageuse et étrangère des convives. On parla des mœurs de la Sardaigne, de son organisation, des réformes naissantes et laborieusement imposées, de l'omnipotence abusive du clergé et de la noblesse, et enfin de l'avenir brillant de cette île que sa position et ses richesses naturelles feront un jour reine de la Méditerranée. Au reste, voici le plus brièvement possible le résumé de tous ces propos. En vérité, cher ami, si je ne savais l'intérêt que vous attachez à ces questions d'organisation et de progrès, franchement je vous engagerais à passer les alinéas suivants. Je vais être pédant, et ennuyeux plus encore que par le passé : vous voilà prévenu, j'entre en matière.

Deux magistrats suprêmes gouvernent la Sardaigne, gouvernent avec la permission de Messieurs les ministres turinois, ce sont : le vice-roi et le régent de la chancellerie. Le vice-roi d'abord, chef des administrations civile et militaire; il représente la puissance royale et jouit de toutes les prérogatives extérieures qui y sont attachées; il a son état-major; il a sa garde royale; le tambour bat, le clairon sonne, les fusils retentissent quand il apparaît au seuil de son palais, et la foule attendrie salue à la promenade son crâne couronné d'un feutre noir; mais le plus beau fleuron de cette couronne est le droit de grâce dont elle jouit une fois par an à l'occasion des fêtes de Pâques. Noble usage, que l'intervention d'une religion d'amour et de paix rend plus saint et plus touchant encore. Le vice-roi a le département de la justice ; il préside l'audience royale : l'audience royale se compose de huit juges, qui, divisés en trois chambres, deux civiles, une criminelle, traitent les affaires du gouvernement, font exécuter les décrets, s'occupent des causes civiles, jugent les criminels, et font enfin *tout ce qui concerne leur état*. Au régent, appartient la nomination des notaires, des avocats et des avoués, car des avocats et des avoués en tout pays le besoin s'en fait sentir. Mais ce qui doit nous étonner, nous autres *Européens*, c'est que les avocats forment une classe honorable et très honorée, et qui suit immédiatement celle de la noblesse; de plus, ils sont très ferrés sur le droit romain; autre pays, autre opinion et autre science. Un jurisconsulte, une femme de génie, Éléonore d'Arborée, dont la gloire législative n'a guère traversé les mers qui entourent sa patrie, dicta, il y a quelques centaines d'années, un code universel, connu sous le nom de *carta di logu*, et qui renferme tout le corps de doctrine de la jurisprudence actuellement en vigueur en Sardaigne. Des lois postérieures, enfantées au milieu des tiraillements intestins et des vicissitudes gouvernementales qui ont longtemps déchiré cette île, jadis florissante, ont porté dans sa législation une incohérence fâcheuse, mais le droit romain, qui est encore invoqué dans les procès civils, corrige les contradictions et les lacunes de cette législation.

Trois plaies, plaies profondes et presque incurables désolent la Sardaigne; ce sont: les pasteurs, les nobles et le clergé. Les pasteurs, restes perdus de ces populations nomades et bibliques de l'orient, dont ils ont conservé les mœurs et même le costume, parcourent la Sardaigne, chassant devant eux d'immenses troupeaux de brebis et de chèvres, viennent camper sans respect pour les récoltes, dans les contrées les plus fertiles, puis disparaissent, portant ailleurs la ruine et la dévastation. L'organisation ou la réforme de la justice cantonale, l'établissement de la propriété et sa division, l'érection des clôtures, et enfin une bonne compagnie de gendarmes mettront un terme à ce fléau dévastateur. Au reste, le gouvernement est entré depuis quelques années dans ces voies de réforme, et déjà les pasteurs repoussés par les nouveaux propriétaires, commencent à abandonner la plaine et se réfugient dans les déserts ou sur le sommet des montagnes. Mais, si le système pastoral et la vaine pâture ruinent la Sardaigne, et rendent impossibles tous progrès agricoles ou industriels, la féodalité, forte et puissante comme aux beaux jours du moyen-âge, produit des désordres plus funestes encore. En effet, sur une population, jadis de deux millions d'habitants, réduite aujourd'hui au chiffre de huit cent mille, trois cent soixante seize seigneurs font peser le poids de leur sceptre gothique. Ces chatelains orgueilleux et avides, dont la suzeraineté remonte à l'époque de la domination espagnole en Sardaigne et en Italie, sont pour la plupart catalans, arragonais ou castillans d'origine. Indépendants des tribunaux ordinaires, mais jugés par leurs pairs;

ils pressurent et maltraitent leurs malheureux vassaux, et même on en a vu pousser l'insolence et la tyrannie jusqu'à faire prosterner un Sarde à deux genoux, et, posant le pied sur son dos, s'élancer sur leur monture; enfin, heureux et privilégiés jusqu'au bout, leur tête, dans les causes criminelles, tombe sous la hache du bourreau, tandis que le pauvre citoyen n'a, pour échafaud, que la potence. Mais rendons à César ce qui appartient à César; le roi, plein de sollicitude pour la Sardaigne, le plus beau joyau de sa couronne, a engagé contre les seigneurs une guerre généreuse, mais implacable, et dont il sortira vainqueur. Déjà, par ses ordres, cent quatre vingt-huit fiefs espagnols ont été rachetés, et ces terrains expropriés, divisés et distribués aux cultivateurs; les corvées ont été abolies, et la juridiction féodale supprimée. Le mouvement progressif est imprimé; une ère nouvelle se prépare pour la Sardaigne. La noblesse proteste, supplie et menace, mais son règne est fini, ses efforts seront impuissants, et une révolution aurait bientôt régénéré le pays, si le clergé séculier, régulier et irrégulier n'était là, fort de son influence toute puissante et de son caractère sacré, opposant au bonheur de la patrie une barrière encore infranchissable. Vous le savez : *corruptio optimi pessima* : c'est pour le clergé de Sardaigne que ces trois mots ont été assemblés. Il serait difficile de se faire une idée de l'immense population cléricale, apostolique et monacale qui inonde la Sardaigne ; il faut le voir pour le croire. Les rues sont encombrées de prêtres, de monsignori et de prélats, sans compter des nuées de moines de toute espèce et de toute couleur. Les évêques sont des puissances qui luttent avec celles des gouvernants; ils jouissent d'énormes revenus, attachés à leurs siéges épiscopaux; les chanoines ont droit à des redevances et prébendes, dont quelques-unes s'élèvent au chiffre énorme de cinquante mille francs ; la moindre cure, le plus pauvre rectorat de village, sont des sources de gains scandaleux pour les prêtres qui les administrent. Dans de pauvres communes, pour quelques centaines de fidèles, on compte jusqu'à vingt desservants. Aux alentours de chaque village sont groupés couvents et monastères. Là, sur une éminence, dans une admirable position s'élèvent les murs d'une capucinière; car, c'est une justice à leur rendre, les Capucins ont un faible pour le bon air et pour les vues splendides : ici, c'est un couvent de Bénédictins ; plus loin, ce sont des Franciscains ; puis des Carmes chaussés et déchaussés ; puis les beaux frères blancs de la Merci, qui, ne trouvant plus de captifs à racheter, achètent, pour leur compte, les belles femmes et les meilleures provisions. Il va sans dire que tous ces Messieurs, seigneurs et moines, viennent, à point nommé, prélever la dîme qui leur est due sur les produits bruts des infortunés cultivateurs. Aussi, dans les pays peu fertiles, les habitants abandonnent-ils leurs champs et leur maison, pour se faire pasteur. Quels remèdes apporter à ces maux? Le peuple fier et impatient ne supporte déjà qu'avec répugnance la puissance abusive de ces seigneurs, mais il est toujours simple et superstitieux et ne sait pas encore faire de distinction entre le prêtre et l'homme, entre la soutane et celui qui en est porteur. Le remède, remède infaillible, mais violent, et devant l'application duquel on reculera longtemps peut-être, ce serait une réforme à la Grégoire VII, l'égalité devant la loi, la potence et les galères. Faisons ici une exception en faveur des pères Jésuites, dignes et édifiants en Sardaigne comme partout ailleurs, objet de haine pour leurs confrères en soutane ou capuchon, qui trouvent dans leur conduite la condamnation vivante de la leur.

Quant à l'intempérie, quant au brigandage, quant à l'ineptie longtemps héréditaire chez les vice-rois, ce sont maux dont le gouvernement fera justice quand il le voudra, et dont il ne fut même pas question chez son éminence, dont l'esprit sagement réformateur brise du reste la chaîne de ces tristes traditions. Mais ce dont on parla longuement, trop longuement peut-être, eu égard à mon incapacité, ce fut des richesses géologiques et de l'avenir industriel du pays. Étes-vous géologue, cher ami? moi je ne le suis pas, et il m'est complètement indifférent de savoir que le noyau de la Sardaigne est formé par du granit d'une qualité supérieure, qu'elle possède des cristaux de feldspatz rose et incarnat, et qu'elle renferme des carrières de porphyre rouge et de marbre, noir comme l'ébène, qu'enfin, plusieurs de ses montagnes ne sont que des volcans apocryphes et identiques, quant à la nature du sol et la configuration, à ceux de l'Auvergne. Étes-vous industriel et spéculateur? non, mais vous pouvez le devenir puisque c'est la maladie du jour; si donc il vous prend jamais fantaisie d'exploiter une mine de fer, une mine de plomb, même une mine d'argent, ou mieux encore une mine de mercure, vous êtes prévenu que la Sardaigne peut vous en offrir, et toutes d'une qualité supérieure et d'une richesse incontestable. Mais si vos ambitions sont moins élevées, vous trouverez encore de magnifiques spéculations à faire. Les oranges, dans les grands bois parfumés de millis, croissent, mûrissent et tombent flétries sur le gazon, sans qu'une main industrieuse les daigne ramasser; les rochers sont hérissés d'olivastres et d'amandiers sauvages, qui n'attendent que la greffe pour produire des fruits délicieux; les montagnes sont couvertes de chênes verts qui fourniraient des bois excellents pour les constructions maritimes; d'immenses forêts de liéges couvrent le sol d'écorces inexploitées, et la soude croît naturellement sur les rivages. Ainsi, l'île de Sardaigne, cette antique nourrice du peuple romain, va redevenir une terre promise: le golfe de Cagliari offre aux bâtiments de toute grandeur la rade la plus spacieuse, la plus sûre et la mieux située de toute la

Méditerranée. Déjà les vaisseaux en apprennent la route ; déjà les bateaux à vapeur y préparent leur station et la relieront bientôt au continent. Le mouvement industriel va commencer : heureux ceux qui les premiers sauront en profiter ! heureux ceux qui peuvent disposer d'un modique capital ! et plus heureux encore ceux qui possèdent une belle fortune et peuvent la manger chez eux libres et tranquilles ! !

La conversation tomba ensuite sur le chapitre des mœurs des habitants. On raconta des histoires de vendetta et de bandits ; on loua la bonté des Sardes, leur patience et leur intelligence ; on célébra leur hospitalité écossaise et la beauté de leur femme, toutes choses dont plus tard je pourrai vous parler par expérience ; puis chacun se sépara pour s'aller coucher, les uns avec leurs femmes et les autres tout seuls.

Je restai quelques jours encore à Cagliari, explorant ses quartiers les plus obscurs, épiant aux balcons des fenêtres les beautés fugitives, dont ma présence effarouchait les amoureux, et disposant toujours ma promenade de manière à passer et repasser devant la taverne de *l'Aurore*, cet horrible cabaret dont les profondeurs ténébreuses cachaient la belle Antonica. — Qu'est-ce que la belle Antonica, allez-vous dire ? Mon cher ami demandez-le à Madame....., à qui j'en ai écrit l'histoire. — Le soir, j'allais ordinairement m'installer dans un café du faubourg de Stampaza, de la porte duquel je pouvais plonger mes regards dans l'intérieur d'une *locanda* sarde, pure sarde. C'était un long corridor, éclairé de distance en distance par de petites lampes suspendues au plancher, et dont le vent du soir faisait vaciller les douteuses clartés. Dans ce jour mystérieux, mon œil distinguait d'abord des images informes, étendues sur le sol poudreux : peu à peu ces masses se transformaient en simples mortels, livrés aux douceurs du sommeil, enveloppés dans leur capotou, et la tête posée sur la selle de leurs chevaux, qui piaffaient et hennissaient à la porte : puis je distinguais d'autres Sardes accroupis sur leurs talons, le menton dans la main, et tirant de leurs grandes pipes des nuages de fumée, qui montaient au plafond en noires spirales ; des harnais, des brides, des sabres, des poignards accrochés aux murailles étincelaient par moment aux lueurs des lampes agitées : dans un coin, des voyageurs altérés vidaient les bouteilles étalées sur une table grossière et ruisselante. On eut dit une de ces toiles fantastiques de Delacroix, rayées d'ombres et de lumières, dans lesquelles l'œil ébloui d'abord découvre bientôt des détails merveilleux et charmants. Quelquefois, réunis devant la porte de la *locanda*, les Sardes commençaient ces éternelles chansons qui, pour eux, sont, sans doute, un attrait inconnu. Debouts, ils se forment en cercle : chaque virtuose fait entendre à son tour un couplet d'une complainte interminable sur un air naïf et monotone ; le refrain est repris en chœur, tandis qu'un des chanteurs tire des profondeurs de sa poitrine, en manière d'accompagnement, une note uniforme et impossible. Une pareille troupe transportée sur la scène de l'Opéra ferait une révolution dans le monde dilettante et réveillerait pendant longtemps les oreilles blasées des Parisiens. Ajoutez encore, mon cher ami, cette spéculation à toutes celles que vous offre la Sardaigne, peut-être ne serait-ce pas la moins brillante. Aux chanteurs succède ordinairement le joueur de *laoneda* ; le joueur et l'instrument sont encore une des particularités les plus originales de la Sardaigne, le joueur est assez habituellement un beau garçon, à l'œil noir et profond, orné d'une magnifique chevelure, qui se sépare sur ses épaules en deux tresses énormes, terminées par des médailles, des rubans et des fleurs ; il est formé à l'exercice de son instrument par un travail qui a commencé dès les premiers jours de son enfance. Ce travail, fort pénible du reste, consiste à souffler avec des pailles dans un vase plein d'eau, mais de manière à ce qu'elle

ne cesse jamais de bouillonner, il souffle par la bouche et
respire par le nez tout à la fois, et, quand il est parvenu
à transformer son gosier en un véritable soufflet à soupape,
son éducation est terminée. L'instrument rappelle la double flûte des anciens; il se compose de trois tuyaux de roseaux de différentes longueurs et armés d'anches comme
celle du hautbois; deux de ces tuyaux sont percés de trous, le
troisième forme la basse et ne donne qu'une note ronflante
et caverneuse. Sur cette sorte de flageolet primitif, ils exé-
cutent des airs plus primitifs encore, mais dont quelques-uns
ne sont pas dépourvus d'une sauvage et mélancolique harmonie,
le ballot sarde surtout, le chant national du pays et que je
me serais fait un plaisir de vous noter si mes connaissances musicales me l'avaient permis. Elles m'ont permis pourtant de remarquer que toutes ces mélodies étaient mesurées
par une cadence ternaire. Cette modalité du temps et du
mouvement semble, du reste, régler tous les actes du
Sarde.

Je consacrais quelques jours à visiter les grands et beaux
villages qui égaient les environs de Cagliari : Pirri dont les
blanches maisons, cachées sous les rameaux odorants des
figuiers et des orangers, s'étendent sur les rivages d'un lac
immense, que traversent des troupes de flamands aux ailes
roses; Sextou renommé par la beauté de ses femmes à la
taille riche et élancée, aux costumes étincelants; et Quar-
tou, la ville du vin muscat le plus exquis, et avec lequel
je fis ample et joyeuse connaissance ; puis enfin je m'oc-
cupais de mes préparatifs de départ pour l'intérieur de l'île.
Je fis l'emplette d'un cheval; fort joli cheval, ma foi, œil
intelligent, crinière ondoyante, muni, comme tout cheval
sarde, de son extrait de baptême attestant qu'il répondait
au nom de *Fiorindo*, et qu'il était issu de *Zachetta* et
de *Notario* : ce qui m'était bien égal, et à vous aussi, cher

ami. De plus, Son Excellence le vice-roi avait eu la bonté
de me faire remettre un droit de port-d'armes et un sauf-
conduit, m'autorisant à porter le poignard, le pistolet et le
fusil, et à me faire escorter, dans mes excursions hasardeuses,
par un détachement de chevau-léger.

Un soir enfin, c'était le dernier jour du mois d'avril, je
me promenais solitairement sur les remparts qui couronnent
Cagliari. La nuit était magnifique, des milliers d'étoiles étincelaient au ciel et se réfléchissaient dans les flots du golfe
endormi que parcouraient en tous sens les barques illumi-
nées des pêcheurs : le vent, qui venait mourir en murmurant
dans les rameaux suspendus sur ma tête, apportait jusqu'à moi,
du rivage opposé, ces vagues parfums de végétation, qui
s'exhalent des bois aux beaux jours du printemps : la promenade était déserte, aucun bruit, aucun murmure ne venait réveiller mes rêveries indécises. Pourtant, de temps en
temps, il me semblait que des chants lointains arrivaient
jusqu'à moi du milieu de la ville ; puis je crus entendre
comme la voix d'un orchestre confus de fête, dont les accords s'élevaient en mourant dans les airs silencieux. Peu
à peu chants et accords, d'abord vaporeux et insaisissables,
grossirent et s'enflèrent, et bientôt mon oreille put distinguer
des cris, des bravos, des gais refrains, tout le tumulte enfin
qu'exhale un peuple heureux aux jours des réjouissances
publiques. Les cloches s'ébranlèrent à leur tour laissant tomber
dans l'espace des notes égarées et solitaires d'abord, puis
serrées et multipliées comme pour les grandes solennités religieuses. J'abandonnais alors ma promenade isolée, et, m'enfonçant dans le pêle-mêle de rues qui forment le quartier du
château, j'arrivai au centre de la ville et me trouvai trans-
porté, comme par la baguette d'une fée, au milieu d'une
foule immense se livrant à toutes les folies d'une fête nocturne. De grands feux de joie, allumés de distance en dis-

tance éclairaient les rues et les carrefours. Autour, se tenant
par la main, de joyeuses bandes dansaient en rond aux sons
des *laonedas*; des Sardes chantaient en chœur, en nettoyant
leurs armes ; les femmes, au seuil de leur maison, se renvoyaient des propos provoquants accompagnés de bruyants
éclats de rire, ou parcouraient la place en échangeant à la dérobée, avec les jeunes hommes, ces regards furtifs qui vous mettent
au cœur du bonheur pour un jour ; les confréries, bannières en
tête et torches à la main, serpentaient au milieu de la foule
en psalmodiant le rosaire et autres patenôtres. Ces chants,
ces danses pittoresques, ces costumes bigarrés, ces femmes
agaçantes, ces moines, ces processions, ces bannières, toute
cette foule enfin transportée et bruyante, éclairée par les
lueurs mouvantes des flammes et des torches, sous le beau
ciel d'une nuit d'Italie, formaient un spectacle enivrant et
magique dont le souvenir ornera longtemps la poésie de mes
rêves. Je me rappelai alors que j'étais à la veille du premier
jour de mai, et que le lendemain était la fête nationale de la
patrie : la fête du grand saint Éphise, le patron de toute la
Sardaigne.

Saint Éphise, voilà, j'en suis sûr, cher ami, un saint dont
le nom et la vie vous sont également inconnus ; mais votre
ignorance est excusable, d'abord, parce que vous n'avez pas
le bonheur d'être Sarde, et ensuite parce que les faits et
gestes de cet illustre bienheureux ne sont retracés, je crois,
dans aucun martyrologe. Cependant il ne mérite pas une
pareille indifférence, et je suis heureux de pouvoir vous faire
faire sa connaissance. Saint Éphise naquit en Grèce, sous
le règne de Dioclétien, je crois. Guerrier courageux et intrépide, ses éclatants services lui valurent le commandement
de la Sardaigne, où il embrassa le christianisme et reçut la
couronne du martyre ; c'était un général, aujourd'hui, c'est
un petit homme de quatre pieds de haut, un petit homme

de bois, bien doré, bien peint en rouge, revêtu d'un élégant costume romain, habitant une grande cage de verre
qui lui sert de maison, et dans laquelle on entretient des cierges
allumés et des fleurs toujours fraîches ; protecteur dé-
voué de sa patrie adoptive, c'est lui qui, en 1656, délivra la
Sardaigne de l'horrible peste qui ravageait l'Italie, et c'est
encore lui qui, en 1793, repoussa les boulets français loin
des murs de Cagliari.

Chaque année, le premier mai, jour de sa fête, après la
cérémonie religieuse proprement dite, le saint quitte Cagliari et va passer quelques jours à la campagne, c'est ce
qu'on appelle en Italie : aller en villégiature. Il choisit ordinairement pour retraite le village de Poula, situé à l'extrémité
du golfe de Cagliari, sur le plus frais rivage de la Sardaigne, et le lieu de son martyre. C'est cette promenade solen-
nelle du saint, qui avait attiré, de tous les points de l'île, cette
multitude empressée et brillante dont les joyeux élans m'a-
vaient surpris et charmé ; car tous les Sardes se font un devoir d'accompagner leur patron dans son excursion, et de se
mêler à son cortége ; et puis aussi c'est pour eux une occasion de se livrer à tous les éclats d'une joie bruyante, et
d'étaler la richesse et les trésors de leurs costumes, cette
grande vanité des peuples méridionaux.

Je n'ai pas besoin de vous dire que le clergé séculier
est complètement étranger à cette ovation toute nationale.

Le lendemain, premier mai, dès la pointe du jour, je
me levai, réveillé par les tintements des cloches, et je me
rendis sur la grande place. La foule était déjà compacte et
animée. A chaque instant on voyait déboucher, par les rues
adjacentes, des cavaliers portant leur femme en croupe,
et de pesantes carrioles traînées par des bœufs, voiturant des
familles entières, qui venaient prendre part à la fête. Bientôt

Cagliari présenta un spectacle enchanteur. C'était une variété de costumes vraiment éblouissante : des hommes coiffés de leurs grands bonnets de laine d'où s'échappaient, au milieu des cascades de fleurs et de rubans, deux immenses tresses de cheveux noirs, tombant jusqu'au milieu du dos ; parés d'élégantes vestes brunes ou écarlate, et de pantalons blancs, fermés aux genoux dans des guêtres de peau brodées en soie rouge et or : des femmes en jupe de laine couleur écarlate, bordées de bandes noires ; étalant sur leurs poitrines, ces fortes et belles poitrines qui font la beauté typique des femmes sardes, des chapelets d'or, de perles et de pierreries ; ayant la tête enveloppée dans de grands voiles blancs et rouges, coquettement posés sur la galerie d'un haut peigne d'écaille, et les pieds emprisonnés dans de petits souliers de satin : puis des pasteurs à grandes barbes, les épaules recouvertes d'une peau de chèvre, et portant à la ceinture le terrible couteau que les Sardes n'abandonnent jamais : puis des moines de toutes les couleurs ; des soldats, des enfants courant et se faufilant dans la foule. Piétons, cavaliers, carrioles se croisaient, se heurtaient, s'enchevêtraient au milieu des cris et des vociférations qui se perdaient dans un nuage de poussière : les chansons retentissaient dans les airs, les orchestres faisaient entendre leurs accords, et les rondes dansantes se formaient à l'entour ; c'était une gaîté, un entrain, un ardent délire comme on n'en trouve plus en France, ni dans notre vieille Europe.

A midi, toutes les cloches de la ville carrillonnèrent en fête ; le canon gronda dans les airs, et la musique militaire exécuta de brillantes fanfares. Le saint sortait de son église, précédé de son brillant cortége. Les gardes nationaux ouvraient la marche : militaires superbes, montés sur de fort jolis chevaux, armés de longs fusils arabes et revêtus d'un costume moyen-âge, rouge et noir, d'un effet très pittoresque. Après eux marchaient *l'aller-nos* et son État-major composé des gros bourgeois de Cagliari. *L'aller-nos* est le citoyen sarde, Cagliaritain ou non, qui va tenir à Poula la cour du saint, pendant les trois jours que dure sa fête. Durant ces trois jours, il est obligé de loger et de nourrir à ses frais les pélerins, qui viennent par milliers présenter leurs hommages au saint protecteur de la patrie : mais aussi il remplace complètement le vice-roi, il jouit d'une autorité absolue, et les honneurs royaux lui sont rendus. C'est beaucoup d'honneur et peu de profit, et pourtant cette dignité fait l'ambition de tous les Sardes ; autres pays, autres mœurs. Après l'*aller-nos*, marchaient, bannière en tête, toutes les confréries de la ville, des moines de tous les ordres, des pénitents de toutes les espèces, tous portant à la main des torches allumées et chantant de pieux cantiques ; enfin dans une jolie châsse d'or et de cristal, perdu au milieu des fleurs, des cierges et des nuages parfumés des encensoirs, apparaissait saint Éphise, se tenant debout comme pour saluer la foule immense qui se pressait sur son passage. Il était placé sur un petit char de bois doré traîné par les bœufs sacrés, bœufs énormes, aux cornes garnies de rameaux et d'oranges, et conduits par deux Sardes vénérables qui marchaient à leur côté. Souriez, cher ami, mais ne vous moquez pas : ils étaient gravement armés d'énormes bouquets de roses, avec lesquels ils leur essuyaient le dessous de la queue, toutes les fois que ces bêtes privilégiées se permettaient de satisfaire certains besoins fort naturels. Le char était environné de malades, d'infirmes, d'estropiés, se heurtant, se poussant, tous voulant approcher du saint patron, tous voulant toucher les bœufs sacrés pour obtenir la guérison de leurs maux. Enfin derrière se pressait une masse immense d'hommes, de femmes et d'enfants ; les uns tenant un cierge, les autres portant des fleurs qu'ils répandaient sur la route ; les

uns, pieds nus, se frappant la poitrine, les autres récitant le
rosaire ou chantant en chœur les éloges improvisés du grand
saint Ephise. Après avoir traversé la ville, la procession descendit aux bords de la mer et prit le chemin de Poula. La
foule restée sur le rivage la suivit longtemps des yeux, jusqu'à
ce qu'enfin, enveloppée dans les vapeurs du soir, qui commençaient à s'élever à l'horizon, elle disparût complètement
aux regards des spectateurs.

L'absence de saint Ephise ne dura que deux jours, qui
furent consacrés aux visites des fidèles; de petites flotilles
de barques à voiles triangulaires et la proue couronnée de
fleurs, gracieuses et poétiques comme les blanches théories
de l'antique Grèce, partaient gaiement au lever de l'aurore,
et revenaient le soir aux clartés dernières du soleil couchant,
ramenant dans le port les pieux pélérins de Poula; Poula,
charmant petit village de pêcheurs, véritable nid d'oiseaux
marins, caché dans un bosquet d'orangers et de lauriers
roses. Comme moi, cher ami, vous auriez voulu être du
voyage; comme moi, vous seriez allé rendre vos hommages à
saint Ephise, et comme moi il vous eût régalé d'un filet de che-
vreuil ou de sanglier, et abreuvé d'excellente *malvoisie*, par
l'intermédiaire de l'*alter-nos* qui faisait ses honneurs d'une
façon vraiment distinguée.

Enfin, le troisième jour arriva, et le saint quitta sa retraite
pour rentrer dans sa bonne ville, qui toute entière était
allée à sa rencontre et l'attendait sur le rivage. Une population immense, barriolée et fourmillante, inondait les
grandes plaines, qui bordent la mer. Ça et là, au-dessus des
flots humains, apparaissaient les tentes aux vives couleurs,
abritant sous leur ombre les convives altérés, les grands charriots à bœufs empanachés de rubans et de fleurs, carrosses
improvisés, encombrés de femmes et d'enfants et s'ouvrant péniblement un passage à travers la multitude, tandis que des

cavaliers intrépides faisaient cabrer à l'entour leurs chevaux
hennissants, et puis, comme au jour du départ, des danses,
de bruyants refrains, des cris, de longs éclats de rire,
partout enfin la joie la plus franche et la plus expansive.
La mer était sillonnée en tous sens par des barques pavoisées,
pleines de chants et de bruit, écho affaibli du tumulte du
rivage. C'était une fête patriotique et religieuse, fête magnifique qu'éclairaient les rayons ardents d'un soleil de midi.

Non loin de Cagliari, s'élèvent aux bords de la mer les
murs d'une petite chapelle, qu'entretient et décore la dé-
votion des pêcheurs. Ce fut là que s'arrêta le saint patron
pour se reposer des fatigues de la route. On lui enleva son
costume de voyage ; on le revêtit d'une robe de satin blanc
et l'on jeta sur ses épaules un magnifique manteau de couleur incarnadine, tout ruisselant de verroteries et de paillettes d'or ; pendant cette cérémonie, tour à tour prosternés à
ses pieds, pélerins pieux et Sardes fidèles faisaient fumer
l'encens et répandaient des pluies de fleurs odorantes. Là
toilette terminée, le cortége se remit en route. Alors, une
immense clameur s'éleva du rivage ; les bravos, les vivat, les
cantiques pieux montèrent dans les airs ébranlés ; les barques
y répondirent par d'éclatantes fanfares et agitèrent leurs ban-
deroles déroulées ; les canons grondèrent à la fois dans le
port et sur les remparts ; cependant, saint Ephise debout
sur son char poursuivait sa marche triomphale et rentrait
dans les murs de Cagliari.

Je passai une partie de la nuit à parcourir les rues illumi-
nées ; les confréries circulaient çà et là, aux lueurs des torches,
en psalmodiant les litanies, tandis que les buveurs faisaient
retentir les cabarets encombrés : peu à peu le silence
se rétablit, et bientôt les chansons et les cris lointains, derniers retentissements de la fête, se perdirent dans les airs
silencieux. Alors, resté seul, je me dirigeai vers mon gîte,

les yeux encore éblouis de toutes ces magnificences, et le cœur ému de ces transports de franche allégresse et de bonheur véritable, dont, hélas! population vieillie, nous avons perdu le secret. Que sont, en effet, nos grands jours de réjouissance par ordre à côté de cette solennité populaire et religieuse? de longues heures de désœuvrement ou de débauche, durant lesquelles le peuple, spectateur blasé, daigne à peine prendre part à ces amusements éternels que le gouvernement paye à grands frais. En Sardaigne, au contraire, le gouvernement reste complètement en dehors de la fête; c'est le peuple qui la donne; c'est le peuple qui s'amuse; tout le monde est acteur; les spectateurs seuls sont absents. Il faut bien dire aussi que les Sardes, peuple primitif, conservent encore la jeunesse du cœur, la poésie superstitieuse, la foi naïve, et que le sentiment religieux domine les transports de cette joie ingénue et touchante, même dans ses excentricités les plus bizarres. Hélas! si la gaîté populaire ne doit exister qu'à cette condition, ne faut-il pas lui dire, en France, un éternel adieu. Mais je m'aperçois que mes essais de morale produisent leur effet soporifique sur moi, sur nous deux, peut-être : mes yeux se ferment, mes jambes faiblissent; envoyez-moi coucher, je vous en prie, et pardonnez-moi mon bavardage interminable.

AU MÊME.

Par une belle matinée du mois de mai, deux cavaliers sortaient de Cagliari et s'avançaient hardîment sur la grande route de Sassari, long ruban de poussiéré qui se déroûle d'une extrémité de l'île à l'autre. L'un d'eux, vigoureux gaillard, aux formes athlétiques, portait sur ses épaules, en dépit d'une chaleur tropicale, un épais capotou couleur tabac d'Espagne, enrichi de découpures de drap écarlate ; un bonnet de laine emprisonnait les tresses adondantes de sa noire chevelure, et des guêtres de cuir, ornées de broderies, enveloppaient ses jambes nerveuses et recouvraient ses souliers, dont les talons étaient armés de pointes effilées en guise d'éperons. Le costume de son compagnon contrastait avec le sien de la façon la plus déplorable ; c'était une redingote boutonnée, de couleur indécise, une casquette de drap gris et des bottes à l'écuyère. Le premier avait nom Raphaël Mourra, surnommé le *Cacciatore*, et guide obligé de tout voyageur parcourant la Sardaigne; le second n'était autre que votre serviteur, qui se dirigeait vers l'Etablissement Victor-Emmanuel, ferme modèle, fondée sous les auspices du gouvernement.

La route était solitaire encore; mon guide parlait une langue personnelle et inintelligible, mélange bizarre de français, d'italien et d'espagnol; je me vis donc réduit, pour toute distraction, à étudier le pays qui s'offrait à mes regards, abandonnant mon esprit aux mille rêveries que faisaient éclore et disparaître tour-à-tour l'aspect d'un brillant paysage, le profil d'une montagne, une rencontre fortuite, un hasard du chemin. Je parcourus ainsi, sans mourir d'ennui, les six lieues arides et inévitables, qui séparent la capitale du bourg de Sanluri. Pourrez-vous en dire autant, cher ami, de ces quelques pages, relation pittoresque et morale de cette brûlante traversée? c'est ce que je désire, mais ce que je n'ose espérer.

Les premières clartés de l'aurore naissante éclairaient déjà ces campagnes, dont je vais essayer de vous esquisser l'aspect. Sur la crête d'une colline modérée, calcinée à plusieurs mètres de profondeur, s'alonge la ligne poudreuse de l'unique grande route de la Sardaigne. A droite et à gauche s'étendent des plaines immenses, couvertes de moissons ondulantes, nuancées de teintes fauves et dorées comme la peau d'un lion, et coupées par de larges flaques d'eau dormante; çà et là des roches crayeuses, blanchies par les rayons continus du soleil, comme les dalles d'une fournaise, et couronnées de cactus gigantesques, se dressent sur le bleu sombre du ciel. Une double chaîne de montagnes, traversant l'île dans sa largeur, ferme le pays dans ses murailles parallèles.

Un moment après, le soleil sortait de la mer et teignait les monts et leurs cîmes neigeuses d'une pourpre éclatante, tandis qu'à l'horizon, l'azur du ciel, devenu transparent et limpide, se couvrait d'une teinte dorée : nuance indescriptible et fabuleuse pour nous autres gens du Nord, qui ne connaissons le soleil du Midi que par les toiles, enluminées d'indigo, de nos peintres à prétentions orientales. La plaine entière était inondée de lumière et se perdait au loin dans des nuages de saphir. Enivré par la magnificence de ce spectacle, j'arrêtai mon cheval, et, me tournant du côté du soleil, je répétai ces beaux vers de l'invocation d'*Hermia*, de notre poète de Laprade, revenus soudain à ma mémoire :

> Soleil, ô créateur ! la terre te salue ;
> L'être coule de toi, l'être vers toi reflue ;
>
> . . . . . . . . . . . . . . .
>
> La forme te sourit, marbre, écorce ou plumage,
> Pour toi dans l'univers la forme est un hommage ;
> En des tons variés, sur les flots et les fleurs
> Chante en te célébrant le concert des couleurs ;
>
> . . . . . . . . . . . . . . .
>
> Car c'est ta flamme, ô roi ! qui meut tout et qui verse
> Au sein du noir chaos la vie une et diverse.

Le poète a raison, me disais-je, ces champs mornes et désolés tout-à-l'heure, depuis que le soleil, *ce père de la beauté*, les a touchés de ses rayons, ont été transformés à mes yeux ; les formes s'y dessinent, la couleur y ruisselle de toutes parts, la vie enfin y vient d'éclore. Eh bien ! les œuvres d'art ne sont-elles pas soumises aux mêmes lois? oui, la vie est pour elles la condition nécessaire du beau, et son mode de manifestation c'est la forme, et mieux encore, c'est la couleur ; et je m'expliquais ainsi la supériorité de la peinture sur la sculpture, et celle de Rubens et des Vénitiens sur les autres écoles italiennes : maîtres divins, adorateurs du beau qu'ils cherchaient à reproduire sans s'inquiéter de la prééminence du fond sur la forme, distinction oiseuse éclose du cerveau malade des aristarques modernes. En effet, dans les arts qu'on

appelle plastiques, comme en littérature, la forme n'est-elle
point tellement liée au fond que l'une entraîne l'autre? Et
n'est-il pas évident que, par cela seul qu'un artiste aura su
unir dans son travail le dessin à la couleur, il aura fait né-
cessairement une œuvre louable de tous points. Aussi je professe une horreur instinctive pour les tableaux socialistes ou
palingénésiques, et, quant au paysage, il m'est impossible de
comprendre l'analogie qui peut exister entre les arêtes des
montagnes et les idées humanitaires.

Mon esprit poursuivait ainsi ses chères divagations, lorsque le pas de mon cheval, résonnant sur le pavé, vint les
disperser subitement. Je traversais un pauvre village, malpropre et solitaire autant que les plus pauvres hameaux de
notre pays; de méchantes cabanes, bâties en mottes de terre
séchées au soleil et recouvertes de chaume, entourées de petits jardins enclos entre des haies de figues mauresques, fer-
maient les deux côtés de la route. Des femmes en jupe de
laine bordée d'écarlate, serrée sur une chemise décolletée et
collante, filaient sur le seuil de leur porte, tandis que, autour
d'elles, couraient çà et là des enfants demi-nus; des hommes,
pliés dans leur capotou, dormaient paisiblement, le visage
tourné vers ce ciel indulgent, qui nourrit ses enfants de soleil
et de lumière : mauvaise nourriture après tout, à en juger par
leur maigreur. Devant le mur d'une maison blanchie à la
chaux, exhaussée d'un étage supérieur et enrichie d'une porte et
de fenêtres vitrées, excès de luxe vraiment incroyable, j'a-
perçus deux individus couchés sur le dos et plongés dans une
immobilité complète, comme si les rayons ardents du soleil
les eussent pétrifiés. Je m'approchai et reconnus alors que
ces malheureux avaient les mains attachées et les pieds fermés dans les échancrures pratiquées entre deux énormes pou-
tres superposées. Au reste, effet sans doute de leur résignation ou peut-être de leur innocence, ils dormaient profondé-

ment, sans s'inquiéter de la présence de quelques promeneurs indifférents, habitués à ce genre de spectacle. L'un et l'autre étaient de beaux hommes, dont les cheveux ras, la barbe longue et le vêtement de peau de chèvre avec le poil en dehors, attestaient l'origine septentrionale. Mon guide, qui vit l'étonnement que me causait ce spectacle d'un nouveau genre, parvint à me faire comprendre que ces infortunés étaient deux pasteurs du cap supérieur, arrêtés, probablement pour crime d'irruption violente sur la propriété d'autrui, à la tête de quelques centaines de brebis, et pour ce, condamnés par le juge de l'endroit à ce carcan d'un nouveau genre, jusqu'à ce qu'ils lui eussent payé l'amende qu'il leur avait infligée. La maison de ce magistrat, dont l'extérieur élégant et propre (élégance et propreté relatives) m'avaient séduit, était le résultat des amendes successives imposées à son profit. Traitement économique affecté à ses juges par le gouvernement sarde.

En sortant du village, nous rencontrâmes une petite rivière dont les eaux limpides coulaient silencieuses à travers une forêt de lauriers roses ; les rives étaient tapissées de blanches asphodèles et de myrthes odorants, tandis qu'un bouquet de palmiers découpait dans les airs ses grandes feuilles éplorées. Nos chevaux, ruisselant de sueur, quittèrent la route et entrèrent dans l'eau, chassant devant eux des nuées d'oiseaux, qui s'éparpillèrent au loin, en faisant étinceler au soleil leurs ailes de rubis et d'émeraude. Au même instant, des éclats de rire frappèrent mes oreilles, et j'aperçus, se dressant au-dessus des roseaux de la rive, les têtes rieuses d'un essaim de jeunes filles qui, ainsi que les belles compagnes de Nausicaa, lavaient leur linge en famille. Quoique d'une négligence beaucoup moins excentrique que celle du héros d'Homère, c'était pourtant mon costume qui excitait leur hilarité : hilarité si franche, si irrésistible, que, laissant tout amour-propre de

côté, je me mis à rire comme elles. Mais, tout-à-coup, je
vis mes belles rieuses se disperser de tous côtés, les unes
courant dans les roseaux, les autres au milieu de la rivière,
et poussant ces cris aigus dont les femmes ont le secret : c'é-
tait mon gros cacciatore qui poursuivait les lavandières, courant à la conquête d'un baiser à travers les herbes et les eaux
qu'on lui faisait voler au visage. — Décidément mon guide
était digne de son surnom, il était galant comme tous ses
confrères en saint Hubert.

Bandits et lavandières avaient dispersé mes rêveries artistiques, et je trottais déjà sur la grande route, que je me
croyais encore sous les ombrages du ruisseau, au milieu des
fleurs, des roseaux et des jeunes filles. Au reste, les solitudes
brûlantes au milieu desquelles je me trouvais, n'avaient rien
de bien distrayant. Perdus au milieu des plaines immenses,
quelques paysans travaillaient paisiblement, faisant retentir
les airs de leurs chants monotones et traînards : expression
involontaire de la mélancolie qui les accable. Ce paysan,
ignorant et inepte, qui passe ses jours à chanter ou à réci-
ter des patenôtres, vivant au milieu des splendeurs de la création, qu'il ne sait ni sentir ni comprendre, ne m'a pas semblé
s'élever au-dessus des mille productions de cette nature, dont
il n'est en effet qu'une partie plus parfaite mais moins belle.
Des couples de bœufs petits et grêles traversaient quelquefois
la route, portant, en travers de leurs cornes immenses, la
petite charrue qu'ils allaient tirer : instrument grossier, d'une
simplicité antique, et dont le soc même n'est pas toujours
armé de fer. Ailleurs, c'étaient de pesants charriots, dont les
roues, pleines et massives, criaient sous des montagnes d'o-
ranges. Terre propice, pensais-je, qui, à peine égratignée,
se couvre de moissons abondantes ! Terre heureuse, où l'o-
range mûrit sous des rameaux toujours verts, et que n'attris-
tent jamais les vents glacés du Nord ! Terre fortunée, que l'in-

dustrie n'a pas encore profanée! Et pourtant, quelle richesse
ne prodiguerait-elle pas à l'homme intelligent qui saurait la
soumettre à une culture plus active et plus savante! Quelle
extension ne prendrait pas le commerce de ses produits, avec
des moyens de communication multipliés et faciles! Et, peu
à peu, mon esprit, se faisant industriel et positif, rêvait des
usines, des canaux, des chemins de fer sur ces plaines, dont
il venait de saluer la primitive et poétique indépendance.

Enfin, après quatre heures d'une marche étouffante, nous
arrivâmes aux portes de Sanluri. Un fouillis de maisons blanches, séparées par de petits jardins verdoyants, et au-dessus
desquelles se balancent les têtes de quelques palmiers séculaires, s'échelonnent autour du clocher de la paroisse. Une
colline, que couronnent les murs dégradés et roussis d'une
antique capucinière, abrite le village contre les vents impétueux qui traversent la plaine, courant d'une mer à l'autre.
Le village de Sanluri, dont la population égale celle de plusieurs de nos sous-préfectures, est une véritable oasis perdue
au milieu de ces déserts brûlants, qui s'étendent dans la partie
méridionale de l'île et portent le nom de Campidano. Sa position élevée le met à l'abri des exhalaisons fiévreuses qui s'é-
chappent des terres plus basses qui l'entourent ; des sources
abondantes lui fournissent une eau fraîche et limpide, et ses
habitants, plus intelligents, peut-être, que leurs compatriotes,
profitant des sages décisions du gouvernement, ont, les premiers, procédé au partage de leurs coteaux incultes, qui, déjà,
se couvrent de jardins, de vignes et d'oliviers. La population
de Sanluri, affable et hospitalière, est encore une des plus
belles du Campidano. Les visages y sont plus joyeux et plus
ouverts ; les costumes plus propres et plus riches ; la petite
veste de laine qui recouvre les épaules des femmes, s'embellit
de découpures de brocard et de fils d'or ; des bas blancs, à
coins écarlate, s'étirent sur leurs jambes rondes et cambrées,

et des colliers d'or et d'argent se balancent sur la chemise plus blanche, qui défend les trésors de leur poitrine. Les hommes, élégants et fiers, font piaffer, devant les jeunes filles, leurs chevaux aux crinières nattées de rouge, au col onduleux et diapré comme la gorge d'un pigeon.

Mon guide me conduisit chez un ami, pharmacien de son métier, qui me reçut comme une ancienne connaissance, mettant à ma disposition sa maison toute entière, sa cave et son lit; sa femme était morte depuis quelques années. Je trempai des biscuits, faits d'une pâte blanche parfumée au safran et saupoudrée de non-pareilles et de paillettes d'or, dans un verre de muscatel : vin exquis, qui me fournit l'occasion de compliments toujours flatteurs pour un propriétaire. Il refusa obstinément le prix de l'orge et des fèves absorbées par mon cheval.

Après cette collation dont il prit sa part, mon hôte me conduisit à l'église. Comme toutes celles de Cagliari, l'église de Sanluri ne présente rien de remarquable; elle est construite dans le style italien, sans architecture ni caractère ; ses hautes murailles n'offrent aux regards que des teintes criardes, figurant des niches et des baldaquins de marbres inconnus. Dans une chapelle, où les enlumineurs piémontais ont épuisé les trésors de leur palette et de leur mauvais goût, s'élève la statue du saint patron, couverte de soie et de velours. Autour se pressaient des hommes et des femmes qui venaient, tour-à-tour, baiser les pieds de bois de la sainteté dorée. Bon Dieu! pensai-je, quel accès de rire dédaigneux, quelle sainte indignation ne procurerait pas un pareil spectacle aux vertueux rédacteurs du *National* et du *Constitutionnel :* ces austères philosophes, qui ne veulent pas comprendre cette vérité vieille et banale : que la religion est faite pour l'homme, et que, par conséquent, s'il plaît aux Sardes de promener processionnellement l'image de leurs saints, et de passer leur temps à

chanter des cantiques, il serait absurde de les en empêcher ;
aussi, ai-je toujours eu une sincère admiration pour l'esprit
des Pères Jésuites, objets d'une terreur si amusante, qui,
profitant de l'inclination naturelle qu'ont tous les hommes
pour le merveilleux, le mystère et la sensiblerie, ont, dans
leur zèle de propagande, inventé les confréries secrètes et innocentes, les miracles hasardés, les dévotions onctueuses, le
tout au bénéfice des marchands d'images et de livres de dé-
votion.

Une allée de sycomores rabougris et touffus nous conduisit
au sommet de la colline, sur une terrasse spacieuse qui forme
le perron de la capucinière. La magnificence du panorama
qui se déroulait à mes yeux, me plongea dans une extase
admirative. La plaine du Campidano s'étalait toute entière à
mon regard comme un tapis immense, que tigraient les teintes
dorées des moissons ondulantes, et les eaux bleues des étangs.
Plusieurs villages étendaient çà et là leurs toits de chaume,
d'où s'élevaient des spirales de fumée : Samassi, caché sous
les myrthes et les lauriers, qui ombragent les bords de sa petite rivière ; San-Gavino, jeté comme une île au milieu des
étangs qui l'entourent ; Mont-Réal, dont les ruines féodales
se dressent au sommet d'une grande roche calcinée, et Villacidro, dont les maisons blanches s'émiettent sur les flancs
ombragés des hautes montagnes qui couvrent l'extrémité méridionale de la Sardaigne. Décidément, de tous ces moines qui
consacrent à Dieu, dans les profondeurs du cloître, leur ignorance et leur oisiveté, les Capucins sont les plus spirituels ;
eux, au moins, savent choisir les positions splendides pour y
bâtir leur nid ; ce couvent, néanmoins, la beauté et la salu-
brité de sa position à part, n'avait rien de bien attrayant ; ses
murs roux et décharnés offraient, pour tout ornement, une
image de la Vierge peinte au-dessus de la porte avec une
naïveté chinoise ou perruginesque ; et l'intérieur, dont un

moine, les bras en croix et les yeux blancs, m'interdit l'accès, ne me sembla pas devoir renfermer des trésors de volupté.

Le soleil commençait à baisser à l'horizon, lorsque, abandonnant les côteaux de Sanluri, je m'engageai dans la plaine et galoppai vers la ferme de l'Etablissement agricole Victor-Emmanuel. Quelques instants après je franchissais les fossés qui bordent la concession et entrais sur les terrains immenses du domaine. Une forêt d'épis, balancés sur leurs tiges trop faibles pour les soutenir, couvrait au loin la terre d'une couche dorée ; des centaines de bœufs accouplés tiraient de pesantes charrues, pressés par l'aiguillon des laboureurs, dont les cris venaient jusqu'à moi ; plus loin, sur la berge des fossés, des faucheurs coupaient les herbes épaisses, qui déjà s'amoncelaient sur les charriots attelés de chevaux ; c'était un charmant spectacle que celui de cette terre qui récompensait les travaux et l'activité de l'homme, en lui prodiguant les richesses de son sein. Quand j'arrivai en face des bâtiments qui s'alongent sur un monticule , d'où l'on domine la concession entière, l'*Angelus* venait de retentir, aussi le chemin était-il encombré de travailleurs qui rentraient à la ferme.

C'était une longue procession de bœufs, de bouviers, de charrues et de laboureurs ; des chars s'avançaient lentement, ensevelis sous des montagnes de fourrage ; des pasteurs, vêtus de peau de chèvre, chassaient devant eux de grands troupeaux de brebis bêlantes, soulevant sous leurs pieds des nuages de poussière ; tandisqu'une troupe de femmes revenaient de la fontaine, portant, appuyées sur la hanche ou posées sur la tête, des jarres de terre poreuse, élégantes comme des urnes antiques. Ce fut à la suite de ce brillant cortége que je fis mon entrée dans la grande cour de la ferme. Vous raconter, cher ami, l'accueil bienveillant et cordial que j'y reçus, serait chose difficile et inutile ; mais il me serait impossible de vous dire combien j'en suis encore touché et reconnaissant.

Vous le savez, cher ami, je ne suis pas le moins du monde agronome, je n'ai même pas, chose rare aujourd'hui, la prétention de l'être. Les différents systèmes agricoles, l'importance des engrais, ou l'amélioration de la race bovine, et autres questions de la même importance me sont complètement étrangères, et mon amour pour la nature n'est pas encore arrivé au point de me faire trouver agréable l'odeur du fumier, ni harmonieux le grognement des pourceaux. Et pourtant je n'étais à l'établissement que depuis quelques jours, que déjà je m'intéressais aux mille détails de la ferme, dans lesquels je rencontrais des séductions inconnues; parcourant les champs en labour, visitant les étables, me familiarisant enfin avec les odeurs nourrissantes et les accords discordants.

C'est qu'en vérité ces grandes exploitations qui répandent autour d'elles l'abondance et la vie, qui remuent des centaines de bras, et que dirige une volonté supérieure et intelligente, ont pour l'homme un attrait irrésistible; et puis aussi, j'y avais rencontré une société aimable et distinguée, que cette solitude prolongée, qui finit par assombrir et désenchanter les plus beaux objets et à laquelle j'étais condamné depuis un mois, rendait plus séduisante encore.

Il y a dix ans, les terrains de l'Etablissement étaient ensevelis sous les eaux saumâtres d'un étang immense, foyer d'infections pour les campagnes environnantes. « Je n'oublierai jamais, me disait un jour Monsieur Ferrand, créateur de cette vaste entreprise, une promenade que je fis sur la palude de San-Gavino pour en explorer les bords et en sonder la profondeur. Le vent du soir qui soufflait avec violence faisait enfler les vagues et poussait notre barque chancelante, qui bientôt vint s'arrêter dans les grandes herbes aquatiques d'un petit ilot, vrai bouquet de fleurs et de verdure sortant du sein des eaux. A peine mis-je le pied sur le bord, qu'un bruit semblable au roulement du tonnerre lointain, ébranla les airs, et une nuée d'oiseaux marins obscurcit le ciel, abandonnant à grands cris un domaine, dont depuis des siècles sans doute, ils étaient les tranquilles possesseurs. Le sol était jonché de plumes bigarrées tombées de leurs ailes, et les feuilles des glaïeuls cachaient des nids remplis d'œufs tièdes encore. » Aujourd'hui des moissons magnifiques couvrent le sol de l'étang, et l'île déserte s'élève encore au-dessus de la plaine fertilisée comme une gerbe verdoyante.

Un industriel distingué, M. Ersham, que des entreprises commerciales avaient retenu en Sardaigne pendant quelques années, avait été frappé de la fertilité extraordinaire des campagnes de Sanluri; la valeur vénale des terrains, dont le prix augmentait à raison de leur proximité de la palude, lui révéla la richesse probable d'un sol composé des parties les plus grasses des terres supérieures entraînées chaque année par les pluies. Il conçut alors le projet d'un vaste établissement agricole, fondé sur le sol même des étangs desséchés. Monsieur Ferrand, connu déjà en Piémont, par des travaux entrepris et terminés avec autant d'habileté que de bonheur, sollicita et obtint la concession des étangs et des terrains environnants, aux seules conditions du desséchement et de la création d'une ferme modèle. Le roi Charles Albert, trouvant dans cette grande entreprise la double réalisation de ses vœux les plus chers : l'assainissement d'une province, la plus belle peut-être de son royaume, et l'éducation intellectuelle d'un peuple encore à moitié barbare, voulut témoigner d'une manière éclatante l'intérêt qu'il portait à son heureuse réalisation. En conséquence il accorda à l'établissement l'exemption de l'impôt et des droits de douane pour les objets qui lui étaient

destinés, ainsi que de toutes redevances et dîmes ecclésiasti-
ques ; enfin, dernier gage de la protection spéciale qu'il lui
accordait, il voulut qu'il porta le nom de son fils aîné : Victor
Emmanuel.

Aussitôt les concessionnaires se mirent à l'œuvre; de profondes tranchées furent ouvertes dans toute l'étendue des
terrains submergés; deux fermes s'élevèrent sur les points les
plus propices et les plus salubres, les défrichements furent
poussés avec vigueur dans les terres hérissées de myrthes et
de mordegu ; des haies de cactus opposèrent aux irruptions
des pasteurs une barrière bientôt infranchissable , et des
plantations de mûriers et d'oliviers s'échelonnèrent le long
des berges des fossés d'irrigation. Enfin, après deux ans d'un
travail opiniâtre, en dépit des fièvres pernicieuses et de l'opposition jalouse de l'aristocratie sarde, la plaine desséchée et
assainie offrit aux concessionnaires de vastes champs de culture d'une incroyable fertilité, juste récompense de leur
abnégation personnelle et de leur persévérance inébranlable.
Aujourd'hui l'exploitation est en pleine activité et suit une
marche progressive : deux mille hectares de terrain, les deux
tiers à peu près de la concession, sont déjà défrichés et ensemen-
cés. Un directeur conduit les travaux d'art et de culture, et com-
mande à tout le personnel de l'établissement; un caissier chargé
de la tenue de livres, et de la paie hebdommadaire des ouvriers,
surveille l'économie domestique de la ferme, dont la direction
spirituelle est confiée au zèle d'un chapelain. Et puis, un monde
de travailleurs : des charrons, des forgerons, des charpentiers,
cinquante laboureurs obéissant à un chef de labour, des centaines de journaliers venant, aux jours indiqués, offrir leurs
bras nerveux : enfin la réalisation complète d'une sorte de
phalanstère agricole dirigée par une volonté expérimentée, et
que règlent les sons poétiques et religieux d'une cloche
qui sonne pour tous, les heures du repos et du travail.

Les champs, inondés autrefois, transformés aujourd'hui par
l'air, l'humidité et la chaleur, se couvrent de récoltes abondantes et variées, qui viennent s'entasser dans des greniers
immenses, et qui bientôt iront s'écouler sur les ports de
Gênes ou de Marseille, tandis que de vastes étables offrent
un abri aux bœufs, que l'incurie des Sardes laissait exposés
pendant l'hiver au froid, à la pluie et à la faim. Les fièvres
diminuent et disparaissent peu à peu. Les seigneurs et le
clergé, comprenant enfin qu'ils auront leur part dans les richesses et l'abondance apportées au pays par l'établissement,
oublient leur jalousie et les dîmes perdues, et le paysan ne
voit plus dans les étrangers de la ferme que des amis et des
bienfaiteurs.

Le séjour de l'établissement avait pour moi un charme
inexprimable ; aussi abusai-je un peu de la cordiale hospitalité
de mes hôtes et la ferme devint-elle quelque temps le centre
de mes excursions. Un jeune employé supérieur, descendant
d'une famillle noble de Bretagne, et dont les manières franches et distinguées captivèrent bien vite mon amitié, devint
mon guide et mon compagnon. Sa gaîté, son esprit, sa bonté
surtout, que je n'oublierai jamais, rendent aujourd'hui plus
agréable encore le souvenir de ces courses pittoresques que
nous fîmes ensemble.

A une heure de la ferme, à l'extrémité d'une plaine désolée, couverte de cistes sauvages, sur le flanc de hautes
montagnes :

> ..... « Trône des deux saisons.
> Dont le front est de neige et les pieds de gazon. »

Au milieu d'un bois d'orangers toujours en fleurs, et que
traverse le lit d'un torrent impétueux, s'élèvent les toits plats
et les murailles blanches des maisons de Villacidro. La magnificence de sa position, d'où l'on domine la plaine entière du

Campidano d'une mer à l'autre, l'air pur et embaumé que l'on y respire, rafraîchi par la brise des montagnes, les eaux vives et abondantes qui arrosent cette terre privilégiée, où les roses de l'églantine se suspendent au noir feuillage des citronniers, où, sous des haies d'aubépine et de poivrier, fleurissent la violette et l'anémone, font de Villacidro le plus charmant village de la Sardaigne. Sa population, qui s'élève à trois mille âmes, s'augmente chaque année de l'aristocratie cagliaritaine, qui vient y chercher un refuge contre les chaleurs de l'été. Une volée de moines de toutes couleurs s'y est abattue : ceux de l'ordre de la Merci y sont en majorité. Ces beaux frères parcourent majestueusement le village, livrant leur opulente sainteté à la vénération des habitants qui, comme les sujets du roi d'Yvetot, ont cent raisons de les appeler leurs pères. Mon ami m'introduisit dans la maison d'un brave bonhomme, véritable type de ces paysans dont la simplicité apparente est tempérée par une bonne dose de finesse et de ruse. Nous entrâmes d'abord dans une grande chambre terrée, dont les murs retenaient çà et là quelques tartines de plâtre crevassé ; d'un côté, un métier à tisser la laine dressait au plafond ses montants de bois ; de l'autre, un âne d'une taille lilliputienne, la tête fermée dans un sac, faisait tourner la meule d'un moulin d'une simplicité merveilleuse. Dans un angle, la cendre d'un foyer mal éteint exhalait une fumée qui se perdait dans un trou de la muraille. Une collection de couteaux de chasse, de fusils damasquinés, de broches de toutes dimensions pendaient accrochés aux parois du mur.

Cet intérieur, et c'est pour cela que je vous en fais la description, est celui de toutes les chaumières sardes, dont la plupart se compose de cette unique pièce. Mais la maison de maître Piga avait de plus un étage supérieur et renfermait certain trésor d'un prix inestimable. Un escalier aux marches calleuses, conduisait à une porte disloquée, sur laquelle pendait en guise de portière une bande de sparterie ; les murs de la chambre revêtus d'une simple couche de chaux, étaient ornés d'une glace détamée, des images de la Madone et de saint Éphise, peintes et dorées sur verre, et d'une couronne de fleurs artificielles. Dans l'angle, s'abritait un petit lit caché sous une coule-pointe bariolée ; au-dessus, pendait une palme bénie à l'église, le jour de Pâques fleuries. Juste sous les toits, dont les pierres plates et moussues, chevauchées les unes sur les autres, formaient autour de la maison un rebord capricieux, s'ouvrait une petite fenêtre devant laquelle reposait une jeune fille nonchalamment assise. Sa tête inclinée et pensive, encadrée dans les feuilles d'un pampre sauvage, se découpait en sombre sur l'azur du ciel qui servait de fond à son profil délicieux. Quand nous entrâmes, elle se leva brusquement en poussant un cri de surprise, et rajusta sur les bandeaux noirs aux reflets bleuâtres de ses cheveux un mouchoir blanc, détaché pendant son sommeil. Tu dormais, Cicia, lui dit son père, vas donc aider tes sœurs à préparer le dîner, paresseuse ! Et aussitôt il entama une litanie de reproches, dont chaque série se terminait par des gestes et des cris exagérés. La belle Cicia commença quelques paroles, essaya un sourire, et descendit en chantant.

Pour employer l'heure qui nous séparait du dîner, mon ami me proposa une visite aux moines de la Merci. Quand nous repassâmes dans la salle d'entrée, l'âne continuait son manége. Cicia était assise devant le métier, tandis que sa sœur aînée faisait tourner une broche admirablement garnie devant un brasier ardent ; la petite Anita, la sœur cadette, charmante fille, rose et blanche, découpée comme une danseuse espagnole, allait et venait, vive et légère, chantant et riant au soleil comme tout ce qui est beau sur la terre.

Le couvent de la Merci, adossé à la montagne, domine les maisons du village, dont les toits plats s'échelonnent à ses pieds comme les gradins d'un escalier gigantesque et désordonné. Une grande muraille blanche, ventrue et crevassée, trouée, sans simétrie, de fenêtres à balcon, sert de façade au monastère. Un long corridor, d'une nudité glaciale, et sur lequel s'ouvrent les portes des cellules, nous conduisit à l'appartement du prieur. Quand nous entrâmes, le vénérable abbé était saintement occupé, en compagnie d'un de ses moines, à mettre la dernière main à une liqueur monastique, qui exhalait une arôme tentateur. Sa cellule était d'un confortable séduisant; un grand lit, voluptueusement abrité sous d'épais rideaux, s'élevait à l'angle de la chambre; un prie-Dieu, surmonté d'un crucifix était auprès; puis une rangée de chaises et de fauteuils, en bois de ciguë; car cette plante, si petite chez nous, devient en Sardaigne un arbuste dont on se sert pour confectionner des siéges, d'une solidité parfaite et légers comme des plumes; enfin, pour compléter l'ameublement, un guéridon de genévrier chargé de deux bouteilles de Vernach et de Muscatel, d'un saucisson de Tempio et d'un gigot de sanglier. Décidément, si j'ai loué chez les Capucins l'amour des sites splendides, je ne blâme pas les moines de la Merci, qui savent profiter de tous les biens, que Dieu nous accorde pour nous aider à supporter l'existence, portent un costume magnifique, et font une excellente chaire. Après tout, ces bons moines, au sujet desquels je me suis permis quelques réflexions peu respectueuses, sont moins bêtes qu'ils n'en ont l'air. Ils vivent dans leur couvent, heureux et tranquilles, s'intéressant médiocrement à la marche de l'humanité, ce qui n'est pas un grand malheur; ne comprenant rien à la religion, ce qui n'est pas étonnant; ne voyant enfin dans la vie religieuse qu'une existence confortable et honorée. Eh ! mon Dieu, cher ami, ne peut-on pas, hélas, adresser ce reproche à plusieurs membres du clergé de notre pays? Le moine liquoriste vint dîner avec nous. —

La table était dressée dans la chambre d'en haut. Sur une nappe blanche, fumaient un rôti de sanglier, un plat de macaroni, parfumé au fromage de brebis et des fèves nageant dans une sauce noire et épaisse; enfin, une espèce d'andouille, faite avec des intestins d'agneau, que les Sardes appellent: *foria-foria*, et dont ils font le plus grand cas. Les trois jeunes filles servaient les convives; mais la rêveuse Cicia, aux airs de princesse déchue, accomplissait ses fonctions de servante avec une répugnance douloureuse, ne daignant même pas sourire aux propos égrillards et joyeux du beau moine. Ce beau moine était pourtant un joyeux compère, accompagnant chaque bouchée d'une large rasade et chaque rasade d'une facétie épicurienne. Alors, ouvrant une bouche pantagruélique, garnie de dents blanches et pointues, il poussait un rire homérique à ébranler la maison. A la fin du repas, il entonna une chanson bachique qui eut fait *flores* dans un dîner débraillé du quartier latin. Décidément, cher ami, vous allez me prendre pour un esprit fort, poursuivant de ses railleries systématiques le froc et le capuchon, mais souvenez-vous que la Sardaigne est inondée de moines, que la richesse, les honneurs et l'oisiveté ont rendus insolents, débauchés et cupides, et vous m'excuserez alors sans peine.

Quand le repas fut terminé et la chaleur du jour un peu radoucie, notre moine nous conduisit aux bords d'un ravin escarpé, au fond duquel mugissent les eaux blanchissantes d'un torrent, qui se précipite du haut des montagnes et va se perdre dans les grandes herbes marécageuses de la plaine. La gaîté bruyante de notre guide nous aida à supporter les rayons du soleil, qui nous rôtissaient les épaules. Nous nous reposâmes jusqu'au soir aux bords du torrent, étendus sur l'herbe, riant aux folies de notre épicurien en capuchon, et contemplant les brouillards qui montaient de la cascade et re-

tombaient sur nous en fraîche rosée. La soirée avait cette sérénité limpide des soirées de mon pays : les buissons et les rochers se teignaient de ces tons doux et mélancoliques que le
soleil épand sur la cime des forêts en automne. Le jour disparaissait derrière les montagnes, tandis qu'à l'Orient l'a-
zur du ciel, devenu plus sombre, commençait à se parsemer
d'étoiles. En suivant le sentier du village, je ramassai des
branches de myrthes et de lauriers roses, qui croissaient au
milieu des rochers, et j'en formai un bouquet, souvenir odorant de cette belle soirée.

A l'entrée de Villacidro, sur un rocher à pic qui domine
le chemin, je dis adieu au moine et laissai mon ami aller
seul préparer nos chevaux. La lune se levait du côté de
la mer, et ses rayons, glissant à travers les échancrures
des montagnes, dessinaient à mes pieds des silhouettes
bizarres, et dormaient au loin sur les brouillards de la
plaine. Un calme profond régnait autour de moi ; aucun
bruit du village, endormi sous les orangers, ne troublait
les airs silencieux. Tout-à-coup, du milieu d'un bosquet de
saules et de grenadiers, ombrageant une source solitaire,
s'élevèrent les plaintes sonores des ramiers, qui peuplent les
ombrages de la montagne. Ils roucoulèrent quelques instants ;
puis, comme un écho affaibli de leurs notes plaintives, un
chant lointain se fit entendre. C'était la romance mélancolique d'une jeune fille attardée, qui rentrait au village. Peu à
peu la voix se rapprocha, et j'entendis bientôt le bruit des
pas qui retentissaient sur le sentier. Je me penchai alors au-
dessus du rocher, et reconnus Cicia, marchant lentement, appuyée au bras de sa sœur. La nuit était si transparente que
je pus examiner ce visage calme et doux, mais frêle et amai-
gri par une souffrance secrète. Pauvre fille, victime du réel,
de la brutalité d'un père bon et grossier, pauvre *Mignon*,
rêvant, sous ces bosquets d'orangers et de myrthes, les brouil-

lards glacés et les grands lacs de la patrie de l'amant inconnu. Emu de pitié, voulant au moins lui faire savoir que
quelqu'un comprenait sa tristesse et en avait compassion,
je pris mon bouquet et le laissai rouler à ses pieds. Elle leva
la tête de mon côté sans me voir, ramassa les fleurs et disparut. Un quart d'heure après, mon ami et moi galopions
sur la route de l'établissement.

Quelque temps après nous retrouvâmes maître Piga, sa
famille et le beau moine, réunis au hameau de San—Joseph,
où l'on célébrait la fête du saint. Depuis quelques jours, mon
ami et moi étions en villégiature, parcourant les villages solitaires, cachés au fond des vallées, ou suspendus aux flancs
de ces hautes montagnes, qui abritent le midi de la Sardaigne contre les vents alisés de la mer tyrrhénienne. Nous
avions parcouru ces plaines brûlantes, où les gazons mour-
rants rencontrent à peine assez de terre pour y étendre un
reste de manteau jauni, et à l'extrémité desquelles s'élèvent
les murs calcinés de Gonos, bâtis sur le lit caillouteux d'un
torrent, dont le soleil a bu les eaux. Puis, nous enfonçant
dans les vallées, nous étions allé demander l'hospitalité au
recteur d'Argus, qui nous montra son beau village environné de prairies, où paissent des troupeaux de bœufs, petits et
vigoureux, noyés jusqu'aux genoux dans les grandes herbes
odorantes. Nous avions vu Guspini, ses belles filles qui se
sauvaient effarées, à la vue d'étrangers en redingote, et ses
enfants sauvages, poursuivant des troupeaux de cochons-san-
gliers à queue flottante. Un ruisseau coulant au fond d'un
ravin, sous une allée de lauriers roses, aux troncs polis, aux
feuilles métalliques, nous conduisit vers les collines embaumées de Fiumini-Maggiore, qué couronnent les grands bois
de citronniers, dont les fruits se fondent sous la dent en une
liqueur douce et parfumée. Enfin, nous avions visité le beau
village d'Iglésias, plus vivant, plus civilisé déjà, grâce à la

grande route, qui le relie à Cagliari. Dans les forêts de chênes verts qui l'entourent, s'élèvent les ruines du temple d'Antas. Quelques colonnes brisées, détachées de leur base, ont roulé sur le sol, au milieu des herbes qui les recouvrent ; d'autres, restées debout, cachent dans les branches leurs chapiteaux mutilés. Ce sont des ruines pleines de mélancolie et de grandeur, mais sont-elles phéniciennes, grecques ou romaines ? je l'ignore, et n'ai pas même essayé de le reconnaître : on ne jouit de rien quand on veut s'assurer de quelque chose.

La chapelle de saint Joseph est plantée au sommet d'un rocher, coupé à pic, formant devant le parvis une terrasse naturelle, ombragée d'accacias et aux pieds de laquelle roulent en mugissant les eaux d'un torrent. L'œil plonge, de là, dans les abîmes de verdure d'une vallée ténébreuse, qui 'enfonce entre deux montagnes immenses, aux flancs desquelles se tordent suspendus les chênes verts et les carroubiers. Cette nature grandiose et sauvage était animée, ce jour-là, par des milliers de fidèles accourus des environs. Les cris, les chants, les coups de fusil faisaient retentir les échos des montagnes ; les jupes écarlates, les blancs manteaux tapissaient les gazons verts et courraient sous le feuillage, tandis qu'une procession descendait de la chapelle, serpentait aux bords du torrent, et disparaissait dans les bois pour reparaître, bientôt après, au sommet d'une roche escarpée. Une foule compacte se pressait devant la chapelle encombrée, dans laquelle on chantait la grand-messe aux sons de la *laoneda*. Voulant y pénétrer, nous escaladâmes une fenêtre ; mais elle donnait dans la sacristie, et nous tombâmes au milieu des desservants ébahis et des moines de la Merci, chefs religieux de la fête ; l'un d'eux se préparait à prononcer l'éloge du saint, assis devant un rôti d'agneau et une bouteille de vin vieux, sans doute pour se don-

ner des forces ; un autre, mais celui-là du moins avait quitté la
soutane blanche pour la redingote civilisée, et, profitant des
saintes obscurités et des mouvements de la foule, il parlait avec
mystère à une jeune fille dont il serrait amoureusement la
taille. Touchant mélange du sacré et du profane, dont ne
s'effarouche même pas la foi robuste de ces peuples vraiment
catholiques. Le panégyrique du saint prononcé en langue
sarde, entremêlé d'invocations brûlantes, de mouvements
pathétiques, produisit sur l'assemblée un effet profond et soporifique ; il dura deux heures. Quant au moine défroqué,
on s'en occupait beaucoup le lendemain à Villacidro ; égaré,
disait-il, par son cheval, il avait passé la nuit hors du couvent.

Connaissez-vous, cher ami, quelque chose de plus ennuyeux que la conversation stéréotypée d'un chasseur, qui
vous fait l'historique de chacun de ses coups de fusil, sans
oublier les vertus de son chien? A moins que ce ne soit la
chasse elle-même, cet agréable exercice qui consiste à se lever avant l'aurore pour courir en aveugle par les monts et
les plaines, un fusil sur l'épaule, ou à rester des heures entières posté derrière un buisson, ou mieux encore la description écrite de ces exploits toujours identiques ? et pourtant, plaignez-moi, c'est à ce noble exercice que furent consacrés les derniers jours que je passai à l'Établissement, et
c'est le récit de mes succès en vénerie qui terminera cet épître ; je vous plains, mais je veux me réhabiliter dans l'esprit d'un certain Nemrod de mes amis, et me faire pardonner l'insolence de mes opinions.

Notre bande, armée de couteaux et de fusils jetés en travers de la selle, s'enfonça dans les montagnes de Villacidro,
derrière lesquelles d'autres montagnes plus hautes dressent
leurs pitons chevelus. Le sentier, d'abord escarpé, devint
bientôt impraticable. Mais le cheval sarde est un peu de la
race de ces chevaux fantastiques des ballades allemandes ; il

pose un pied solide sur la pointe d'une roche , et , suspendu sur l'abîme , s'avance hardiment , emportant son cavalier éperdu. A notre gauche, la vallée se creusait à pic, et, dans ses profondeurs on entendait les mugissements d'un torrent invisible , et les gambades des pierres que faisaient rouler nos montures. A notre droite, la montagne se dressait comme un mur, dont les aspérités nous forçaient parfois à nous pencher sur le vide. Souvent, craignant d'être saisi par le vertige, je fermais les yeux en songeant avec envie au spectacle bizarre que nous devions procurer aux pâtres de la vallée. Enfin le sentier s'humanisa , les roches s'aplanirent, et, après quatre heures d'une ascension aérienne, nous entrâmes dans les grands bois des vallons supérieurs. Les chants , les récits de chasse charmèrent les ennuis du chemin, et la nuit nous enveloppait déjà, quand des cris, des aboiements et des coups de fusil nous annoncèrent que nous approchions du lieu du rendez-vous. Au milieu d'un pré rapide, une flamme gigantesque montait vers le ciel, où cette fois, par hasard , la lune avait oublié de se lever ; des boucaniers pliés dans leur sombre capotou , faisaient rôtir, accroupis devant le feu , des morceaux de sanglier traversés d'une branche verte en guise dè broche , ou préparaient le *foria-foria*. De grands lévriers à poil fauve , semblables aux limiers antiques de Diane dans le tableau du Dominiquin , dormaient entre leurs jambes, et des chevaux attachés, çà et là, se cabraient, se mordaient, appelant, par de sauvages hennissements , les cavales lointaines. La flamme éclairait à l'entour les troncs noueux, crevassés et tordus des chênes verts, qui se dressaient comme des monstres étranges , enchaînés sous les guirlandes des lianes entrelacées. Pour rendre la sauvagerie poétique et féroce d'une scène pareille, il faudrait avoir le pinceau de Salvator ou de Delacroix, ou les trésors de votre imagination , et ce style imagé et pittoresque dont vous avez le secret.

Le premier jour de la chasse, posté derrière un arbre, au fond d'une crevasse, qui servait de lit au torrent et de sentier au chasseur, je passai quelques heures assez dramatiques : le fusil au bras, le couteau tiré, croyant entendre à chaque aboiement, à chaque bruissement du feuillage, le souffle sonore du sanglier aux abois. Mais, après trois heures de faction, comme rien n'avait encore paru, que la forêt était devenue silencieuse, ne pouvant en outre m'éloigner qu'en m'exposant à recommencer, en ma personne, les aventures de Robinson, je posai mon fusil sur le rocher et me couchai contre le tronc de l'arbre, bien décidé à ne pas déranger le sanglier dans sa course, s'il avait la fantaisie de prendre le torrent pour un sentier. Cinq heures après, les chasseurs, chargés de huit sangliers, vinrent me chercher à mon poste pour retourner au quartier-général où l'on devait passer la nuit. Huit sangliers ! morbleu ! quels chasseurs que vos sardes, devez-vous dire, en souriant d'une façon quelque peu blessante pour ma bonne foi ! mais je vous excuse volontiers : ce nombre peut sembler exagéré à ceux qui n'ont pas visité la Sardaigne, et qui par conséquent ignorent que cette île, le rendez-vous des oiseaux voyageurs, possède en abondance tous les grands gibiers de l'Europe, mais surtout des sangliers bas et vigoureux, dont la chair fournit aux sardes une nourriture excellente.

Le lendemain on devait attaquer les mouflons. Aussi, le soir, chacun préparait ses armes et exerçait son adresse ; car la chasse du mouflon, c'est la grande chasse de la Sardaigne. Le mouflon, espèce perdue, qui ne se trouve plus que sur les montagnes de la Corse et surtout de la Sardaigne, est un animal élégant et vigoureux, ayant le poil de la chèvre et la forme du bélier, dont il est, dit-on, le type primitif. Ses cornes sont hautes et tordues ; sa queue courte et relevée ; et puis c'est un gibier courageux et indomptable, qui, lorsqu'il se sent traqué de toutes parts, s'élance sur le chasseur, et le renverse au fond du précipice.

Avant l'aube du jour, tous les chasseurs étaient en selle, les chiens accouplés et tenus en laisse, et la troupe s'engagea dans le sentier raboteux de la forêt à la lueur des flammes résineuses. Après une heure de marche, l'avant-garde s'arrêta et mit pied à terre. Le soleil qui se levait alors éclaira le champ de nos exploits futurs. A nos pieds, la montagne s'ouvrait, comme un cratère gigantesque, dont les flancs hérissés de roches énormes se cachaient sous un fouillis de myrthes, de lauriers roses et de térébinthes, à travers lesquelles s'élançaient en réseaux d'argent les eaux d'un ruisseau qui vont former au fond de l'entonnoir un petit lac mystérieux ; à l'entour s'élevaient silencieusement dans le bleu du ciel les cimes séculaires des sycomores et des chênes. Le matin les mouflons descendent aux bords du lac pour se désaltérer et brouter l'herbe de ses bords.

Tout-à-coup il se fit un silence dans la bande : le chef de la chasse venait d'apercevoir une douzaine de mouflons qui venaient au fond du ravin : aussitôt chacun courut au poste indiqué ; toutes les issues par lesquelles les mouflons pouvaient s'échapper furent occupées; les chiens détachés se précipitèrent à travers les rochers et les broussailles. Alors un vacarme infernal ébranla la cime des monts; c'étaient des aboiements féroces, des cris, des coups de fusil que les échos se renvoyaient à l'infini, pour moi, à qui l'on voulait procurer l'honneur de cette journée, planté au sommet d'une roche, je gardais l'issue principale, avec la recommandation de ne l'abandonner que lorsque l'on viendrait me relever.

Vous expliquer l'émotion qui m'agitait, serait chose difficile, j'entendais distinctement le battement de mes tempes et je maîtrisais à peine le tremblement nerveux de mon bras. Tout-à-coup je vis au-dessous de moi les buissons frémir et se courber comme sous l'action d'un soufle impétueux. Au même instant, rapide comme l'éclair, un mouflon bondit sur le rocher à quelques pas de moi et disparut dans la forêt. Je n'étais pas remis de ma stupéfaction que le même bruit se fit entendre; les buissons s'agitèrent, les pierres roulèrent et deux cornes se dressèrent à l'angle du rocher; mais cette fois j'étais sur mes gardes, et au moment où le mouflon s'élançait devant moi, je lui envoyai, coup sur coup, deux balles dans les flancs; l'animal fit un bond en arrière et culbuta sous le rocher. Ma foi, dans l'ivresse de mon succès, de mon triomphe, j'oubliai la consigne des chasseurs, je lâchai mon fusil et m'élançai à la poursuite de ma victime dont le cadavre roulait de roche en roche jusqu'au fond du ravin. Les mouflons traqués de toutes parts, trouvant enfin une issue libre, s'y précipitèrent et s'éparpillèrent au loin dans la montagne. Grâce à moi, la chasse était manquée, trois mouflons seulement étaient morts au lieu de douze; aussi la mauvaise humeur des chasseurs me fit expier mon triomphe. Cependant au soir, le souper, les copieuses rasades dissipèrent toute rancune, et l'on commença les récits de chasse éternels et fabuleux. A l'aube du jour je fis mes adieux aux chasseurs et mes remercîments au chef, auquel j'offris une paire de pistolets qu'il accepta avec reconnaissance. Et le soir, emportant comme une dépouille opime, la peau du mouflon, je rentrai à l'Établissement, dont la cloche retentissait dans les airs, semblable à la voix d'un ami, pour guider le voyageur dans la solitude.

Deux jours après, comblé de soins et de bonté, je disais adieu à mes hôtes, à mon nouvel ami, maîtrisant avec peine ces pressentiments intimes qui rendent, entre gens qui s'aiment, toute séparation inquiétante et douloureuse.

# IVᵉ LETTRE.

—

A MONSIEUR C...

Vraiment, il me faut une grande dose de courage pour
oser adresser à votre austère seigneurie l'épître verbeuse
d'un voyageur, à vous le philosophe intraitable, le savant
dédaigneux, l'ennemi de toutes frivolités littéraires inventées
par la mode, ce tyran cruel, aujourd'hui surtout qu'il nous
impose les sermons et la tragédie. Mais, rassurez-vous, je
suis prêt à crier avec vous : « Au diable ces touristes et ces
voyageurs qui ne se mettent en route qu'avec un parti pris
d'accidents et d'émotions ! qui nous délivrera de ces anecdotes
éternelles transcrites sous la dictée des guides et des filles
d'auberge ? de ces relations de voyage, qui ne vous apprennent rien des habitudes ou des sites des pays parcourus :
mauvais croquis sans dessin ni couleur ? » Et puis je serai

court : pas la moindre théorie. En ma qualité d'artiste je ne raisonne pas ; je jouis de tout ce qui est beau, et ne fais point de catégories : pas la plus petite discussion. Enfin, quoique voyageant en pays monarchique, catholique, et aristocratique, prêt à subir la réaction de l'Italie, j'éviterai de prononcer ces mots attendrissants de patrie et de liberté, dont a fait parfois un si bel usage le libéralisme égoïste et stupide ; je vous ferai grâce de toutes réflexions voltairiennes à l'endroit de l'oisiveté monacale et de la tyrannie ecclésiastique ; je n'aurai même pas une hymne funèbre pour cette pauvre noblesse, qui voit son écusson détrôné par les écus, pour ce pauvre parti légitimiste tombé partout à l'état d'opinion. Vraiment, j'ai si grande envie de vous plaire, que je vais essayer d'être grave, sérieux et instructif ; et, si par hasard quelque proposition impertinente étonnait votre regard, songez à ce précepte du comte de Maistre : « Il faut de l'im-« pertinence dans certains écrits, comme du poivre dans les « ragoûts ».

Vos connaissances géographiques sont assez étendues, pour que l'existence d'une ville, ayant nom Oristano, et située au sud-ouest de la Sardaigne, vous soit connue. Je n'élève pas là-dessus le moindre doute, quoiqu'il me souvienne qu'à l'époque de mon départ, certaines personnes, au demeurant fort estima-bles, m'engageaient instamment à prendre la voie de terre pour me rendre à Cagliari. Mais ce que vous ignorez certainement, et ce que je suis fier de vous apprendre, c'est l'étymologie du mot : Oristano. Je vais donc essayer une dissertation savante digne de votre intérêt. Un peu d'indulgence, s'il vous plaît. Mais, avant de vous étaler ma science à propos de cette ville intéressante, permettez-moi de vous parler du pays qui l'entoure, de ces grandes plaines du Campidano et Santa-Anna, heureuses et fertiles aux environs de l'établissement Victor-Emmanuel, puis désolées et brûlantes, et au centre desquelles se dresse , comme pour en marquer le milieu, le rocher de Mont-Réal.

Mont-Réal ! ne trouvez-vous pas que ce nom , arrivant à la suite de celui de marquis, produit un effet superbe. Telle est la réflexion qui m'est venue à l'esprit , tandis que je gravissais à cheval , au grand préjudice de ma peau et de mes pantalons, la croupe pierreuse et aride du monticule que couronnent de vieux murs féodaux ; retraite séculaire et paisible des grands vautours blancs de la Sardaigne. Vraiment M. le comte B... , marquis de Mont-Réal , possède là un fier marquisat. A vrai dire , il le possède un peu à la manière dont son gracieux souverain possède le royaume de Jérusalem, où il serait, je crois, fort mal reçu à venir lever des impôts, ou bien encore, comme nos saints évêques de Maroc , Tripoli et autres *in partibus infidelium* , qui , s'ils se rendaient au milieu de leur diocèse , risqueraient fort d'être écorchés vifs ou embrochés sur le pal. Un mamelon granitique et calciné, aux flancs duquel s'accrochent çà et là quelques gazons jaunis, que broutent les chèvres sauvages ; au sommet des murailles décharnées se dessinant sèchement sur le bleu plombé du ciel , et au-dessus desquelles des vautours gigantesques planent en tournoyant ; tel est le fief de Mont-Réal. Ce tableau fidèle vous en donne une idée exacte ; mais ce qu'il me serait impossible de vous faire comprendre , c'est la magnificence de cette position , d'où l'œil plonge sur les plaines dorées au-dessus desquelles s'élève, comme d'un brasier ardent, une vapeur transparente , et dont les extrémités se perdent à l'horizon dans l'azur des deux mers. Morbleu ! quelle châtellenie poétique, romantique et fantastique. Si j'étais Monsieur le Marquis je ne me contenterais pas du mot, je voudrais aussi la chose.

A peu de distance de Mont-Réal , sur un terrain qui se durcit et se crevasse sous les rayons ardents du soleil, s'élèvent les toits bossus de trois ou quatre maisons blanches : c'est *Sardara-l'Aqua-Cotta*. Sans doute, à cette heureuse époque où Pline appelait la Sardaigne le grenier du peuple romain, Sardara devait être une villa joyeuse et charmante, avec des bains de porphyre, des portiques de marbre blanc perdus dans des bois d'orangers. O mes belles Caralitaines ! qui veniez ici livrer aux caresses de ces eaux bienfaisantes vos beaux corps fatigués par les plaisirs, beaux chevaliers qui retrouviez dans ces chaudes vapeurs les forces et l'ardeur perdues dans les joyeuses saturnales ! Hélas ! qu'êtes-vous devenus ? Des femmes en haillons, laides et malpropres ; des hommes taciturnes, couchés dans leur manteau de laine, gissent çà et là sur une terre humide, dans une chambre délabrée, au milieu d'une vapeur épaisse et brûlante. Hélas ! beaux temps passés, qu'êtes-vous devenus !

Un des regrets de ma vie, c'est de ne pas être le moins du monde archéologue et de n'avoir pas envie de le devenir. Quel bonheur, en effet, de découvrir, en grattant cette terre dégénérée, un débris de statue ou l'anse d'une urne funéraire ! car, les antiquaires sont un peu comme les *collectionneurs* qui poursuivent, pleins de désirs, l'insecte le plus laid, la fleur la plus insignifiante, par cela seul qu'ils sont rares. Une inscription tombale, indéchiffrable, un taurobole, un caillou druidique leur fait plus de plaisir que la vue d'un bas-relief du Parthénon. Mais je ne suis pas archéologue ! Au moins, si j'étais chimiste ! je pourrais vous donner l'analyse scientifique de ces eaux thermales ; vous sauriez qu'elles contiennent en dissolution des sels de soude et de magnésie, et de l'hydrogène sulfuré à l'état libre, etc., etc., etc...., tandis que je suis condamné à vous dire, comme le simple vulgaire, que ces eaux exhalent une odeur sulfureuse, et sont assez chaudes pour faire cuire un œuf. Près des bains s'élève une petite chapelle, aux murs de laquelle pendent accrochées des cages contenant des pigeons et des bartavelles : pieuses offrandes laissées par les malades , et dont la vente fait un modique revenu au pauvre religieux qui les garde. De Sardara à Oristano , le pays ne change pas : ce sont toujours ces horizons durs et inflexibles, ces plaines grillées et poudreuses, s'allongeant sous un ciel , qui blanchit de chaleur comme la voûte d'une fournaise. Çà et là quelques pauvres villages : Uras , Terra-Rosea , Babylus dressent dans le ciel leur clocher solitaire , pour guider et encourager les voyageurs épuisés. Quelquefois une petite vallée creuse la plaine ; une végétation touffue en couvre les bords ; au-dessus voltigent des milliers de calandres familières et des guêpiers aux ailes d'or ; au fond coule une source limpide.

Un jour, il y a bientôt dix ans de cela , un voyageur traversant à cheval la plaine Santa-Anna , descendit vers l'une de ces fontaines pour y trouver un abri contre le soleil de midi ; mais à peine arrivait-il au fond du ravin , que , poussant un grand cri , il remonta tout effaré et partit au triple galop. Il avait aperçu , artistement rangées autour de la source , douze têtes sanglantes , séparées de leurs corps dépouillés. C'était une facétie , assez habituelle aux bandits de ce temps-là , qui attendaient , cachés dans les buissons , les voyageurs fatigués , et leur enlevaient la bourse et la vie ; mais , à cette époque , la civilisation , représentée par la gendarmerie royale et le génie civil , n'avait pas encore pénétré en Sardaigne. Aujourd'hui , des gendarmes parcourent le pays , et la grande route de Cagliari traverse la plaine. Les gendarmes sont ce qu'ils doivent être : de beaux et braves militaires ; et la grande route , le long de laquelle s'échelonnent de distance en distance des cantonnières , offrant au voyageur un refuge assuré , est sans cesse couverte par les charriots des marchands d'oranges, les merciers et les épiciers ambulants : espèce de négociants forrains , qui établissent leur boutique sur le dos de leur cheval et galoppent en croupe derrière un tonneau d'huile. Il y avait déjà six heures que nous avions quitté Sardara lorsque nous entrâmes dans les étangs salés qui environnent Oristano.

Rechercher l'origine du nom d'une ville a toujours semblé aux esprits sérieux un travail d'une haute importance. Vous vous rappelez certainement quelques-unes de ces centaines d'opinions, gravement émises par les savants sur l'étymologie du mot *Paris* ou *Lutèce* ; celle de François Rabelais surtout a dû vous frapper par sa simplicité : Gargantua, monté sur les tours de Notre-Dame, voulut payer dignement sa bien-vénue aux maroufles qui l'entouraient. « *Il les compissa si aigrement, nous dit l'auteur, qu'il en noya deux cent soixante mille quatre cent dix et huict, sans les femmes et les petitz enfants. Quelque nombre d'iceulx évada ce pissefort à la lé-giéreté des pieds. Et quand feurent au plus hault de l'Uni-versité, commençoient à renier et à jurer, les ungs en cholère, les autres par rys. Carymary, Carimara, par saincte m'amye, nous sommes baignez par rys. Dont feut depuis la ville nom-mée Paris.* » Quant au mot Lutèce, il le transforme en s'ap-puyant sur l'autorité de Strabon, en Leucèce, c'est-à-dire blanchette pour « *les blanches cuisses des dames dudict lieu.* » L'étymologie du mot Oristano ne présente pas les mêmes difficultés. C'est évidemment la réunion de ces trois mots : *Oro nello stagno* : OR DANS L'ÉTANG. Mais l'explication de ces paroles mystérieuses est chose difficile, et digne de fixer l'attention des esprits sérieux et amoureux de la vérité. Pour moi, j'ai réfléchi longtemps, et je suis arrivé à différents systèmes d'explication que je vais soumettre à vos lumières. Il y a de l'or dans l'étang : est-ce un fait positif ? est-ce une figure ?... Un jour peut-être, fuyant devant les Pisans victo-rieux, un prince espagnol jeta-t-il dans ces eaux bourbeuses et discrètes les trésors qu'il ne pouvait emporter et qui depuis y restèrent ensevelis ? ou bien, adoptant le sens figuré , faut-il croire que cet or n'est autre chose que les poissons abondants et variés , les oiseaux aquatiques de toute espèce , qui peuplent ces eaux stagnantes, et qui, habilement exploitées, deviendraient pour les habitants une source de richesses ? ou bien encore, n'y faut-il voir qu'une leçon mystérieuse, le conseil de détruire ces marais infects dont le dessèchement ferait des plaines fertiles, et rendrait aux Oristaniens la santé, la plus précieuse de toutes les richesses ? En tous les cas, quelle que soit l'explication adoptée , s'il y a de l'or dans l'é-tang, il n'y en a pas dans la ville. Je n'ai jamais rien vu de plus misérable que ses rues désertes , ses maisons en deuil , ses palais délabrés, d'où l'on dirait que la peste a chassé les habitants. Pourtant Oristano est une ville importante , une ville épiscopale; renommée à bon droit pour l'excellence de son vin et l'élégance de ses poteries. Elle possède une bonne auberge, dans laquelle je trouvai un lit suffisant , des repas copieux et une société nombreuses de ces négociants, qui amè-nent à Oristano des arbres et des chevaux de l'intérieur et les embarquent sur les étangs, qui les conduisent à la mer.

La ville renferme plusieurs monuments d'un intérêt fort médiocre : un évêché construit dans le style-caserne , dont la façade représente un échafaudage de balcons et de fenêtres , soutenus par des pilastres peints , parfaitement imités ; une cathédrale , grande et élégante , mais dont l'architecture es-pagnole napolitaine n'offre rien de remarquable. En parcou-rant les nefs latérales , je m'arrêtai devant une chapelle, dont la simplicité attira mon attention : sur l'autel de marbre blanc était posée une statue de jeune fille , qui pressait sur sa poitrine un beau lys épanoui, et foulait aux pieds le vieux serpent, qui se relève toujours. Au-dessous étaient gravés ces mots : SANCTA PURITAS. C'était une chapelle consacrée à la pureté. Gracieux souvenir de la forme païenne, que sanctifie la religion du Christ ! Hommage poétique rendu à une vertu si rare chez un peuple-enfant, dont un soleil de feu allume les passions charnelles !—J'ai admiré, dans le chœur de l'Eglise, un grand tableau représentant l'Assomption de la Vierge. Une couleur titicnesque, une grande vérité, beaucoup de vie m'ont fait oublier l'incorrection des lignes et la faiblesse de l'exécution. Mais, vous le savez, et en cela je suis fier d'être de son avis, Gœthe a dit quelque part : Je n'admire l'art qu'en tant qu'il aspire à imiter la nature, que j'ai vu si belle, et par cette raison une œuvre d'art, même inachevée et imparfaite, me met en extase, pour peu que j'y découvre cette aspiration vers la sainte nature. » Dans l'intérieur de la ville, un seigneur, dont je vous dirais le nom si je ne l'avais oublié, fait élever une centième reproduction, amoindrie et dégénérée du Panthéon romain. La seule construction d'Oristano, qui offre quelqu'intérêt, est une tour carrée, percée de deux voûtes ogivales, dans l'une desquelles est suspendue la cloche de l'horloge, dont le cadran doré rayonne au-dessous. Cette tour bâtie à l'époque de la domination espagnole sert de porte à la ville, et s'ouvre sur la place du faubourg de Cabras.

Toute la vie d'Oristano paraît s'être concentrée dans ce modeste faubourg. La rue est pleine de charriots, de chevaux et de bœufs. Les marchands envahissent le sol de la place. Nichés sous des nattes de palmiers courbées en voûte, ils étalent autour d'eux des oranges et des citrons dorés, qui parfument les airs, et des jarres en terre poreuse de formes variées et pittoresques, du ventre desquelles l'eau s'échappe en sueur perlée. A l'angle de la place, dans une maison de chétive apparence, les buveurs ont établi leur casino. Naturellement ce casino est un cabaret, et, pour plus de commodité, ce cabaret est simplement une cave ; le long du mur s'aligne une rangée de futailles rebondies, qui servent de bancs et

de tables, et quelques lampes fumeuses répandent juste assez
de clarté pour que les buveurs puissent trouver leur bouche
et la guille des tonneaux. Le soir, il y a foule au caveau : ouvriers, voyageurs, flâneurs, ces hommes dont l'existence est
un mystère, qui, le jour dorment au soleil, et, comme le Juif
errant, trouvent toujours pour aller boire cinq sols dans
leur poche ; tout le monde s'y donne rendez-vous ; jusqu'à
ces frères mendiants, qui cachent leur maigreur et leur misère sous un manteau déchiqueté en dents de scie comme
celui de dom César. Aussi, à l'heure du souper, il s'échappe
de ces voûtes empestées une odeur épaisse de fromage, de
vin et de poisson. On cause, on célèbre la bonté de son cheval,
on vante son pays ; on se querelle ; on jure ; on se menace,
on va s'assommer à coups de pots ; puis l'on s'apaise, et,
comme toujours, tout finit par des chansons.

En sortant d'Oristano, la route s'élargit et s'allonge à
l'ombre des grands peupliers de Virginie, qui dressent dans les
airs leur feuillage découpé. Au dessous, s'étendent, d'un côté,
les horizons bleus de la mer ; de l'autre, de vertes prairies,
qu'arrose le joli fleuve du Tirse ; un rideau d'oliviers, couronné par les têtes chevelues des pins parasols, sert de fond
au paysage. Nous suivîmes quelque temps la grande route ;
puis nous entrâmes dans le chemin humide et rabotteux, qui
conduit au village de Cabras, où m'attiraient plusieurs séductions irrésistibles. Il devait y avoir, ce jour-là, course de
chevaux, lutte d'hommes, danses champêtres ; et puis la
beauté des femmes du pays est devenue proverbiale dans toute
la Sardaigne.

Cabras est un triste village, jeté sur le bord de la mer, au
milieu des plaines marécageuses. La terre est rouge et brûlée:
à peine quelques lentisques, quelques pâles azéroliers étalent
çà et là leurs touffes jaunissantes : point de gazon ; pas le
moindre ruisseau ; pas même un bouquet d'herbes plus hautes,

indiquant la source voisine. Mais, à défaut d'arbustes et de fleurs, son sol dépouillé produit encore de fières jeunes filles, belles comme les marbres de la Grèce, portant majestueusement leur tête gracieuse, que couronne un turban de cheveux noirs, et puis aussi des essaims de beaux enfants blancs et roses, à peine couverts de petites chemises de laine, qui, soulevées par la brise, laissent apercevoir leurs formes charmantes. Une bande de cette race joyeuse, regardant avec de grands yeux effarés mes bottes et ma veste, m'accompagna jusqu'à l'église. Des murs humides, un autel chancelant, quelques tableaux délabrés, dont une couche de fumée grasse recouvrait le barbouillage ascétique; vraiment cela ne compensait pas la chance d'un refroidissement, ni l'humiliation de ces bruyants éclats de rire que provoquait mon travestissement *européen*. Il n'était pas midi, et j'avais épuisé toutes les ressources distrayantes que pouvait m'offrir le village; je ne trouvai donc rien de mieux à faire, avant l'heure de la fête, que d'aller me promener au bord de la mer. Je ne connais pas de spectacle qui occupe davantage, ni qui jette l'âme du voyageur dans de plus douces rêveries, que celui de la mer; vous avez dû l'expérimenter dans vos courses vagabondes; d'abord, on se promène sur le rivage, en contemplant vaguement le nuage doré qui roule à l'horizon, les îles blanches qui se découpent au bord du ciel, et ces voiles s'évanouissant dans la brume lointaine; puis l'esprit s'engage dans les pensers infinis : il pleure le passé, cherche l'avenir, et songe à la gloire, ce rameau d'or de la sibylle, récompense des grands courages, à la conquête duquel il faut sacrifier les douces illusions du cœur; puis viennent les souvenirs du foyer paternel, du clocher qui vous vit naître; et comme on est fils, et qu'on aime sa patrie, on sent alors une larme germer péniblement au coin de son œil. Enfin, rêves et regrets, tout s'efface : on ne songe plus à rien, mais on regarde les

poissons; l'on fait des ricochets avec des coquilles d'huîtres ;
et l'on finit par se coucher sur le sable , en songeant que
l'air est doux , le ciel charmant, et qu'il serait très agréable
de passer ainsi sa vie, étendu sur le dos.

Pendant ma promenade, Cabras avait été transformé : le
village , triste et solitaire le matin , était envahi par une foule
compacte, barriolée et bruyante. Aux vestes coquettes , aux
jupes écarlates , aux mouchoirs éclatants du Campidano , se
mêlaient les pourpoints noirs, les robes assombries du cap supérieur ; mais , entre tant de belles rassemblées , les femmes
de Cabras se faisaient remarquer, par la perfection de leur
personne ! Ah ! que j'aurais grande envie de vous la détailler;
mais il faudrait recommencer cette inutile et éternelle description : cheveux de jais ; front d'albâtre, doré aux rayons
du soleil ; yeux de velours ; peau comme celle de la pêche, que
recouvre un duvet blond et soyeux, etc. , etc. Essayez un
jour avec vos pinceaux la réalisation de ces ravissantes choses,
vous aurez une affreuse monstruosité. Il faut donc me con-
tenter de vous dire que les femmes de Cabras sont belles ,
mais de cette beauté puissante , que nous admirons dans les
maîtresses du Titien et certaines madones de Raphaël ; seulement je suis obligé de convenir qu'elles ont l'air un peu
moins niais. Quant à leur costume, c'est un mélange de satin,
de velours et d'or, de l'aspect le plus séduisant. Ah! mon cher
philosophe, qu'elles étaient adorables avec leurs fleurs de
grenadiers, piquées dans leurs cheveux, leur mouchoir blanc
tombant de leurs tresses noires sur leurs épaules à moitié découvertes ; leur chemise plissée, fermée sur la poitrine par de
gros boutons de corail, leur petite veste grecque garnie de pas-
sementeries aux entournures , et de franges au poignet, leur
jupe de laine rouge et leur tablier de cachemire blanc broché or,
leurs bas rayés et leurs souliers de satin, emprisonnant des jambes faites au tour et les pieds les plus mignons de la Sardaigne !

Pour moi ébloui et fasciné par tant de séductions, je m'engageai hardiment au milieu de cette population fourmillante et joyeuse, rivière vivante qui roulait ses flots tumultueux entre les murailles blanches des maisons pavoisées. Les *bonas dies*, les quolibets se croisaient jetés au passage ; les cris, les chants, les vivats montaient dans l'air perdus dans les nuages d'une poussière lumineuse. Tout-à-coup une détonnation ébranla les airs : l'heure de la course allait sonner. Aussitôt trois Cabrasiens, armés jusqu'aux dents et montés sur leurs chevaux, s'avançaient dans la rue où la course devait avoir lieu, chassant devant eux la foule qui la remplissait à pleins bords. La multitude refoulée, culbutée, déborda dans tous les sens ; il y eut alors un moment de tumulte incroyable. On envahissait les maisons ; on escaladait les fenêtres ; on se poussait ; on se renversait ; on se précipitait dans les rues voisines ; et puis, des cris, des jurons, des imprécations à faire tomber en syncope un sacristain, un vacarme enfin à troubler les corbeaux dans leur vol. Un quart d'heure après, les trois commissaires traversaient la rue devenue libre, et une seconde détonnation se fit entendre. Alors on vit apparaître au sommet de la rue cinq généreux coursiers qui allaient se disputer un gilet de flanelle rouge et une grande écharpe de soie blanc et or, digne prix du vainqueur. Ces chevaux, d'une taille médiocre mais vigoureux et ardents, étaient tous les cinq de nobles bêtes ; crinières nattées de fleurs, prunelles enflammées, narines fumantes, cachant les reflets miroitant de leur robe soyeuse, sous une selle de velours et de riches harnais ; et se cabrant, se renversant sous leur cavalier inébranlable. Un troisième signal annonça l'instant du départ et les cinq chevaux s'élancèrent sur la pente raide et rugueuse de la rue. Caché derrière l'angle d'une muraille, je les vis passer devant moi, rapides comme un ouragan, ou comme les cavales échevelées de la chasse du

Burgrave. A l'extrémité de la rue, ils tournèrent bride et revinrent au point d'où ils étaient partis. Bientôt le cavalier vainqueur, précédé des joueurs de laonedda et de deux héros portant étalés les prix de la course, s'avança sur le champ de son triomphe, faisant piaffer son cheval ruisselant d'écume, au milieu d'un tonnerre d'applaudissements et d'une pluie de fleurs et de branches de lauriers roses, que lui lançaient les jeunes filles ravies.

« Après quelques minutes d'entr'acte, trois cavaliers se présentèrent à l'entrée de l'arène. Montés sur des chevaux de taille égale, ils allaient de front, serrés, enlacés, les bras mutuellement passés autour du col, de telle sorte que celui qui se trouvait au milieu était obligé de tenir les brides entre ses dents. Puis, au signal donné, ils s'élancèrent dans la rue. La chûte d'un cheval précipite à terre les trois cavaliers, qui se relèvent souvent avec un œil poché, le front fendu, un bras cassé, ou bien ne se relèvent pas du tout. Comme cette course n'est pas approuvée par l'autorité civile, aucun prix n'est décerné aux courageux champions, ils courent simplement pour le plaisir de courir. Ce jour-là, les choses, au dire de tous, se passèrent le mieux du monde. Un fer de cheval détaché dans la rapidité de la course avait estropié une matrone, un cheval s'était cassé la jambe en s'abattant, et son cavalier s'était fait un trou à la tête : les amateurs étaient enchantés.

« La course finie, la foule s'éparpilla d'abord de côté et d'autre, puis vint peu à peu se ranger en cercle autour d'un champ sablé, préparé pour la lutte. Deux jeunes garçons s'avancèrent dans l'arène, soutenus chacun par deux camarades auxquels ils donnaient le bras ; ils marchaient l'un contre l'autre. Après les salutations d'usage, les formules sacramentelles et les poignées de mains amicales, ils commencèrent à se lancer avec fureur de grandissimes coups de pieds dans les jambes, de ces coups de pieds à estropier un âne ou un professeur de chaussons. C'étaient des cabrioles, des sauts de carpes, des contorsions, qui faisaient mal à voir. Pourtant l'assistance était attentive et charmée, et saluait par des trépignements et des bravos convulsifs chaque ruade bien allongée. Quant aux doubles accolytes, impassibles et muets, ils soutinrent les combattants jusqu'à ce que leurs forces furent épuisées.

Les luttes se prolongèrent jusqu'au soir et furent trouvées superbes : il y avait eu suffisamment de jambes écorchées, un talon foulé et deux chevilles déboîtées : l'enthousiasme était à son comble.

Le soir, sur le rivage, les danses s'établirent de tous côtés. Hommes et femmes, se tenant par la main, formèrent des rondes immenses, se trémoussant, tortillant les pieds, secouant les épaules, sans oublier jamais la mesure de l'orchestre, quant à celle de la bienséance, les cavaliers échauffés par les libations de la journée, hasardèrent certaines cabrioles que n'eût peut-être pas approuvées la chaste pruderie de la gendarmerie royale. Mais les gendarmes, grâce à Dieu, n'ont pas encore eu le loisir de faire connaître aux Cabrassiens la distinction du bien et du mal ; aussi ces bons habitants, innocents et primitifs, se donnent parfois quelques petits coups de couteaux dans l'ardeur de la discussion, se cassent le cou par vanité, et lèvent en dansant la jambe au niveau de l'œil, sans se douter qu'ils offensent les saintes lois de l'humanité et de la modestie. Et maintenant qu'un moraliste vienne leur dire, qu'en agissant ainsi, ils se rendent criminels et justiciables du commissaire, de la prison et de la potence, ils ne changeront en rien leur conduite, seulement ils auront la conscience de leur culpabilité : innocence et ignorance ont synonymes. Et vive l'ignorance ! et vous, cher ami. ne froncez pas le sourcil, vous qui prêchez la diffusion des lumières et célébrez les progrès de la civilisation, vous êtes un philosophe, et il n'y a pas d'opinion si ridicule, qu'il ne se soit trouvé un philosophe pour la défendre. C'est M. T. Cicéro, votre maître qui nous le dit. O pauvre Sardaigne, que vas-tu devenir quand les mœurs pittoresques, simples et farouches, quand les costumes éclatants et les forêts embaumés se seront effacées, ternies et profanées au contact des gendarmes, de la civilisation et de ce qu'on appelle le progrès? hélas ! une terre maussade et malheureuse, la patrie d'un peuple de mendiants, d'espions et de voleurs. Mais il te restera toujours ton soleil de feu dans ton ciel lumineux et limpide.

Quand on a traversé les eaux cristallines du Tirse qui vont lentement se perdre dans le golfe d'Oristano. On entre dans un pays nouveau : c'est le cap supérieur. Adieu les plaines brûlantes, aux teintes fauves et hâlées, et les palmiers solitaires ! adieu les steppes infinies, que traversent les troupeaux voyageurs, et les étangs immenses, où folâtrent les flamands, aux ailes roses, et les courlis étincelants ! adieu ces charmantes femmes, aux pieds nuds: troupe joyeuse qui descendait le soir, la cruche sur la tête, vers les fontaines voisines , et dansaient en rond au son de la laonedda, et ces Campidaniens, aux allures franches et gaies, si fiers de leurs cheveux tressés et de leur pourpoint de velours!... Une prairie, constellée de fleurs, s'étend au loin comme un tapis diapré. Des touffes d'herbes ondoyantes et de joncs triangulaires, qui croissent aux bords du fleuve, y dessinent des méandres capricieux ; au-dessus voltigent les libellules émeraudes et les martin-pêcheurs ; des forêts d'oliviers gigantesques de liéges et d'yeuses tapissent le pied des montagnes, qui s'échelonnent comme un vaste amphithéâtre jusqu'aux sommets neigeux de l'Arrizou. Les solitudes desséchées du Campidano font trouver plus séduisantes encore ces campagnes fraîches et

fleuries. Des bouquets d'accacias et de noisetiers s'élèvent le
long de la route, et le voyageur en passant éveille les oiseaux
criards, endormis dans leur feuillage ; des milliers de calandres à collier noir voltigent sans cesse devant lui et semblent
le suivre dans sa course ; de gros corbeaux indigènes, les
ailes noires et le dos blanc, volent pesamment sur la prairie,
où des chevaux en liberté foulent, dans leurs folles gambades,
les soucis et les jacynthes et les herbes embaumées. —Parfois
de sombres, cavaliers à l'air fatal comme les hommes solitaires, les cheveux ras, la barbe épaisse, enveloppés dans
un sarreau de laine brune, dont l'ouverture laissait entrevoir
le manche luisant d'un poignard traversaient la route au
galop et s'enfonçaient dans les montagnes. Des femmes qu'à
leur costume on eût pris de loin pour une procession de
religieuses, le buste caché sous une chemise plissée à man-
ches longues, et portant une double jupe, couleur violette,
dont la première relevée par-dessus leur tête, leur servait
de coiffure, descendaient dans les prés pour faucher les
trèfles et les joncs. Puis venaient de longs attelages de bœufs,
traînant des carrioles pleines d'oranges ou de grands chênes
coupés dans les forêts. Enfin, grâce à la beauté et à la variété du pays que je traversai, je me trouvai à l'entrée du chemin qui conduit aux vallons où dorment les bois de Millis,
sans m'être aperçu que je trottais depuis quatre heures sous
un ciel embrasé.

Sans doute, mon austère ami, vous gardez au fond de
votre cœur, comme un rêve de bonheur évanoui, le souvenir
de quelque promenade heureuse dans une campagne ravissante. C'était, n'est-il pas vrai? au mois de mai, le soleil
nouveau inondait les prairies : il en faisait monter des
arômes enivrants que le vent chassait au loin. Vous étiez
heureux de vivre, et vous abandonniez votre cœur à ces émotions involontaires, à ces désirs sans but, qu'y fait naître un

beau jour de printemps. Pour moi, ces bonheurs inconnus,
ces extases secrètes, je les ai trouvées sous les ombrages
embaumés de Millis; ils ne s'effaceront jamais de ma
mémoire.

Je marchai longtemps, m'enfonçant au hasard dans des
abîmes de verdure, écartant de la main les branches aux
fruits d'or. Les fleurs détachées couvraient d'une neige odorante le frais gazon, qu'empourpraient les fraises des bois et
les lys ravissants. Des érables noueux et les sombres yeuses,
autour desquels s'enroulaient en serpent les vignes sauvages,
balançaient leurs têtes épanouies au-dessus du noir feuillage
des orangers! toit ondoyant et immense, où gazouillaient sans
cesse les mésanges amoureuses et les merles babillards. De
petits ruisseaux couraient en réseaux d'argent sous les arbres
chenus, et formaient çà et là de petits lacs ignorés : source
mystérieuse où la cigogne blanche vient tremper ses longues
jambes.

Mais je crois vraiment que je me laisse aller au pathos
facile d'une description fleurie, et j'oublie des faits et des
circonstances, que mes prétentions économiques et la reconnaissance me font un devoir de vous raconter. Je vous
dirai donc que ces arbres, qui couvrent de leurs ombres
parfumées plusieurs lieues de terrain, que ces arbres, dont
quelques-uns, les rois de la forêt, hauts de vingt mètres, et
gros à ne pouvoir être embrassés par un homme, prodiguent
toute l'année à cette terre barbare leurs trésors inutiles.
Les oranges de Millis mûrissent, tombent et se flétrissent sur
le gazon, sans qu'une main industrieuse les daigne ramasser.
A peine quelques cultivateurs moins indifférents cueillent-
ils les plus belles pour les vendre aux marchands voyageurs, qui les voiturent jusqu'aux villes prochaines. Et
pourtant, prises avant leur maturité, et envoyées dans les
ports de l'Europe, elles deviendraient pour les propriétaires

une source de richesses incalculables. Aussi, cher ami, si,
abandonnant vos rêves métaphysiques, vous voulliez entre-
prendre quelque spéculation industrielle, et que vous dai-
gnassiez adopter une idée étrangère, ce qui n'est guère probable de la part d'un philosophe, je vous engagerais à affer-
mer pour une dixaine d'années les forêts de Millis. Mais vous
auriez à vaincre la répugnance des Sardes, méfiants et
soupçonneux, et qui ne croient pas qu'il soit possible de
faire mieux ou autrement qu'ils ne font eux-mêmes. Au
fait, qu'ont-ils besoin qu'un étranger spéculateur vienne
leur apprendre, à son bénéfice, le parti qu'ils peuvent tirer
de leurs richesses. Ils sont heureux comme ils sont, laissons les
donc avec leur bonheur tels qu'ils l'entendent. Quant au devoir
que m'impose la reconaissance, c'est de vous parler du propriétaire de Millis, du marquis de Boyle et de sa royale et gracieuse
hospitalité. Son château, d'une élégance toute moderne, s'é-
lève au milieu de la forêt ; les maisons du village blanchies à
la chaux se groupent tout au tour, et semblent, vues du sommet des collines , une volée de ramiers abattus sous les arbres. C'est dans cette villa charmante que, voyageur inconnu,
je fus reçu comme une ancienne connaissance. Ce jour-là était
un dimanche : j'aperçus le marquis au sortir de l'église ; il était
entouré des habitants du village, qui adressaient à leur généreux seigneur leurs hommages et leurs demandes. Par un
patriotisme plein de coquetterie, il portait un costume sarde,
en velours cramoisi, que rehaussait l'or de ses décorations
et du collier seigneurial. Il me fit l'accueil le plus bienveillant, le plus affable, et exigea, avec une grâce irrésistible,
que je restasse son hôte jusqu'au lendemain matin.

La journée était déjà avancée quand je me décidai à abandonner les bois d'orangers et de citronniers, pour aller à
Paoli-Latino. Mon guide connaissait un chemin de traverse,
qui abrégeait la course de deux heures ; le sentier était peu

praticable, il est vrai, pour un piéton, mais pour un cheval sarde, disait-il, il était excellent.

Le voyage d'abord fut charmant ; la route serpentait dans la plaine à travers des bouquets d'érables et de genevriers géants ; les chèvrefeuilles et les clématites enlaçaient le tronc raboteux des liéges, et se suspendait à leurs cîmes touffues, qui laissaient à peine filtrer sur le gazon quelques rayons de soleil : un filet d'eau, descendu des collines, courait en babillant à travers les roseaux ; les oiseaux chantaient ; les insectes bourdonnaient ; enfin, toutes ces divines harmonies de la nature, qui ne s'entendent que dans les pays solitaires, où le bruit des hommes ne les étouffe pas, remplissaient les airs, que parfumaient encore les brises lointaines de Millis. Mais, insensiblement le paysage se transforma, les arbres se dispersèrent, le gazon devint rare et perdit sa verdure, le ruisseau s'évapora, et le sentier disparut. Des collines rocailleuses, hérissées de cactus et d'olivastres se dressèrent sous nos pas ; nos chevaux, suspendus à leurs flancs, glissaient et se cabraient sous leur cavalier qui s'abandonnait à leur instinct ; puis, arrivés au sommet, il fallait redescendre une pente rapide, dans un ravin profond, pour escalader encore de nouveaux sommets âpres et inaccessibles, qui se multipliaient devant nous. Déjà, à l'Orient, quelques étoiles perçaient l'azur du ciel devenu plus sombre, tandis que les clartés du couchant allumaient au front des nuages une frange dorée : en un mot, la nuit approchait, lorsqu'arrivant enfin sur le dernier plateau, nous aperçûmes devant nous le clocher de tuiles vernies de Paoli-Latino, que les derniers rayons du soleil faisaient étinceler au loin comme un fanal conducteur.

Pendant les trois heures de cette course au clocher, à travers les monts et les plaines, nous ne rencontrâmes pas une habitation, pas un visage humain, pas le plus petit objet digne d'intérêt, si ce n'est pourtant d'abord, l'antre de la sibylle , où la jurisconsulte Eléonore d'Arborée venait puiser cette sagesse profonde , encore admirée par les savants , dans les lois qu'elle donna à son pays : et puis ensuite des monuments étranges , d'une architecture primitive , appelés Nuragues.

Quand nous passâmes devant la grotte de la sorcière , mon guide , sans doute pour conjurer sa maligne influence , se signa et passa vite. Pour moi , dans la crainte de l'affliger, je fis à sa superstition le sacrifice de ma curiosité. Toute conviction profonde me paraît respectable , et parce qu'un homme ne pense pas comme moi , ce n'est pas une raison pour qu'il ait tort. La caverne, dont les figuiers et les broussailles envahissent l'entrée , est creusée aux flancs de la montagne ; et s'ouvre sur cette vallée enchantée, où s'étendent les ombrages énivrants de Millis. La place pour rêver était on ne peut mieux choisie. Cachée dans cette grotte solitaire, la belle Eléonore venait tremper son âme dans ces sagesses antiques , qui s'exhalent des bois , des monts et des plaines, de la nature enfin, cette savante Egérie qui dictait jadis au vieux Numa ces lois immortelles , mortes , hélas ! tout comme lui. Mon explication aura, je l'espère, le mérite de vous plaire ; pour moi, je la trouve prétentieuse et improbable. Éléonore , comme son prédécesseur Numa , ne pouvait-elle pas avoir des accointances secrètes avec le monde invisible , avec quelque diable, par exemple ; mais un bon diable, qui, grâce à quelque pacte mystérieux , mettait à sa disposition son expérience et ses lumières. La croyance au démon et à sa puissance me semble toute naturelle. Qui croit à Dieu doit croire à Satan. La conséquence est nécessaire ; l'idée du bien implique celle du mal. Pourtant mon guide s'inquiétait médiocrement de l'existence du Père Éternel ; mais, en revanche, il avait un profond respect pour le Diable. Ne vaut-il pas mieux croire au Diable que de ne croire à rien ?

Les Nuragues sont des monuments bizarres, dont l'existence remonte à l'antiquité la plus reculée : absolument comme
disent les historiens à propos de l'origine des peuples de
l'Asie-Mineure qui leur est inconnue. Ce sont des ruines pélasgiques , semblables à d'immenses pains de sucre, placés sur
les sommets âpres et nus des collines. Leur construction est
cyclopéenne , c'est-à-dire qu'elle est formée de globes immenses et irréguliers, entassés, sans ciment qui les lie, par une
race de Titans inconnus. Ces monuments , que l'on retrouve
sur toutes les collines , les plus inaccessibles parfois du Cap-
Supérieur, ont la forme d'un cône immense ; et quelques-
uns encore recouvrent parfaitement des chambres intérieures,
dans lesquelles on peut pénétrer. Quelle était leur destination ? Étaient-ce des tombeaux ? étaient-ce des temples ?
M. de la Marmora , dans son bel ouvrage sur les antiquités sardes , leur consacre un article savant et plein.d'intérêt, mais qui ne donne sur ce point aucune certitude. Au
fait , l'explication est difficile. Les Nuragues ne présentent
pas la moindre inscription , pas le moindre hiéroglyphe, pas
même quelques-uns de ces caractères cunéiformes , qui se
prêtent avec tant de complaisance aux explications variées
des savants. Les idoles phéniciennes , les antiquités d'Iglesias
et les Nuragues surtout, qu'elle seule possède, font de la Sardaigne une véritable terre promise pour les savants archéo-
logues. Dans les îles Baléares , on trouve , dit-on, ces mêmes
ruines pélasgiques , mais je n'ai pas vu que George Sand en
fît mention dans son livre des Majorquins.

Paoli-Latino est un grand village dépeuplé , qui porte encore les traces d'un passé plus heureux. On y rencontre quelques maisons construites en pierres de taille , avec balustres
et corniches : mais ruinées avant même d'avoir été achevées,
et une fontaine ornée de mascarons à barbe limoneuse ,
qui semblent attendre encore que l'eau vienne à leur bouche

béante. Le village ne possède aucun monument, aucune antiquité remarquable : son église, pourtant, petite et misérable a tout le charme religieux d'une église gothique. Mais si Paoli-Latino est pauvre en monuments et en antiquités, il est, au contraire, très riche en religieux de tous ordres. Une vingtaine d'abbés et de desservants vivent là aux dépens de quelques centaines d'habitants qui se trouvent ainsi condamnés à travailler pour l'amour de Dieu et de son clergé ; mais ils ont au moins la consolation de voir que leur travail profite à leur prêtre qui jouissent d'une douce aisance et d'une santé magnifique. Les dîmes, prébendes et redevances, auxquelles il a droit, produisent des revenus superbes au recteur du village. Vénérable pasteur, il surveille lui-même ses bœufs et ses moutons, dont la beauté et la vigueur sont chèrement estimées en Sardaigne. Le saint homme, une des gloires du clergé sarde, a toujours refusé les évéchés qu'on lui a proposés ; il est vrai que les revenus en étaient moins beaux que celui de son rectorat ; mais je serais un ingrat si je me permettais, à l'endroit de son désintéressement, le moindre doute irrévérencieux. Ayant appris qu'un noble étranger, arrivé à Paoli-Latino, était descendu à la locanda et n'était pas allé lui demander l'hospitalité, il eut la politesse de se dire offensé, et m'envoya un de ses vicaires, à l'effet de me faire savoir qu'il m'attendait à dîner pour le jour même et pour tout le temps de mon séjour au village.

C'eût été cependant grand dommage de ne pas être descendu à la locanda, et, une fois descendu, de n'y pas rester : j'y restai donc. C'était un établissement vraiment intéressant par lui-même et par les individus qu'il renfermait. L'auberge se composait de deux étages. On entrait dans un vestibule : à droite, était la cuisine ; à gauche, l'écurie. Un escalier en pierre, tout à fait monumental conduisait à deux chambres à coucher ; dans l'une, le plancher manquait ; dans l'autre, on avait négligé, à l'époque de la construction, de poser les vitres aux fenêtres. De petits polissons, me dit mon hôte, les avaient cassés, il y avait un jour ou deux, et il attendait un vitrier; il l'attendait depuis trente ans. Cet hôte était bonhomme, réjoui et farceur, quoiqu'il fut sec et maigre comme un traître de mélodrame. C'étaient de grands revers de fortune qui l'avaient réduit à tenir une locanda; la politique même et le changement de royauté n'étaient pas étrangers à sa ruine. Il parlait beaucoup de sa haute position perdue : il avait eu l'honneur de servir Charles-Félix dans les cuisines du palais de Cagliari. Il y avait appris quelques mots du vocabulaire savoyard ; ces mots mélangés avec l'Italien et le Sarde, lui formaient un idiome inintelligible, qu'il débitait avec aplomb, persuadé qu'il parlait français comme le premier venu.

Retiré à Paoli-latino, il avait voulu faire le bonheur d'une femme, en la prenant pour épouse, et la chargeant de toute la besogne de la maison. C'était une frêle créature, qui vous regardait avec de grands yeux doux et tristes comme ceux des gazelles, et ne parlait que par monosyllabes; quant à lui, par respect pour son ancienne dignité, il se contentait de causer avec les voyageurs et de leur présenter leur compte. Le soir, comme j'étais harrassé de fatigue, je me privai du charme de sa conversation et je montai me coucher dans la grande chambre sans vitres. Trois lits, cachés sous d'épais rideaux, occupaient les angles de la chambre. Je m'assieds au pied de l'un, et me déshabille à la hâte, sans m'inquiéter d'un ronflement sonore qui remplissait la chambre : sans doute c'était le vent qui mugissait en passant par la fenêtre ! Mais au moment, où, écartant les rideaux, je me disposais à reconnaître la virginité de mes draps, je reculai épouvanté, les couvertures soulevées comme une montagne, recouvraient l'abdomen énorme d'un moine mendiant; sa tête était rouge et pelée, et

7

sa bouche entr'ouverte chassait une respiration bruyante.
Évidemment c'était un ténor léger qui venait demander une
place de chantre au lutrin de la paroisse. Je pris mes habits sous
mon bras et me sauvai dans l'autre lit. Il était libre. A peine
avais-je soufflé ma lampe, que j'entendis la porte s'ouvrir,
et je vis entrer deux femmes, mais deux femmes... vraiment
j'aime mieux ne pas vous en faire la description ; je laisse ce
travail à votre imagination. D'abord elles s'approchèrent du
lit, où ronflait le religieux, et reconnaissant sans doute à ce
sommeil plein d'innocence, à cette mine vermeille, un homme
de Dieu, elles se retirèrent en faisant le signe de la croix ;
alors elles vinrent de mon côté, poussèrent en me voyant
un joyeux éclat de rire, et me jetèrent un *bonas tardas*
de l'air le plus gracieux du monde ; puis, fermant mes
rideaux, elles allèrent au troisième lit. Au bout d'un moment, cédant à un mouvement de curiosité bien naturel,
j'entr'ouvrais doucement mon rideau, mais soudain la
lampe s'éteignit et la chambre rentra dans l'obscurité. Franchement la nuit fut orageuse : je ne pus fermer les yeux ;
il était venu me trouver dans mon lit une ou plusieurs de ces
horribles bêtes antropophages, qui dévorent les voyageurs,
et qu'Henri Heine a anathématisé avec une verve pleine de
bon goût dans son poème d'*Ata-trol*. O mon cher philosophe, si jamais vous voyagez en Sardaigne, ne couchez pas
dans la locanda de Paoli-Latino, à moins que l'espérance d'une
aventure nocturne ne vous fasse affronter les horreurs d'une
couche livrée aux bêtes.

Le lendemain, sur la recommandation de mon hôte, je fis
une course à la *Tanca Regia.* Comme le nom vous l'indi-
que, c'est un établissement royal, destiné spécialement aux
soins de la race chevaline. Mais il est aujourd'hui complètement ruiné et ne présente plus d'autre intérêt que celui
d'une admirable position. Quelques cabanes de verdure et

de gazon, s'élèvent au milien d'une clairière : vaste rotonde, qu'enferment, semblables à des portiques gigantesques, les troncs entrelacés des chênes verts et des liéges : à leurs pieds, des sources cachées font jaillir des touffes de roseaux, de myrthes et d'herbes grimpantes. Mais les cavales hennissantes sont dispersées et courent en liberté à travers les sentiers inconnus de ces forêts vierges encore.

En rentrant au village, le premier être humain qui frappa mes regards, fut un malheureux qui se traînait sur les mains et les genoux, et criait d'une voix suppliante : la carita, la carita. — Qu'est-ce donc que cet infortuné, demandai-je à mon guide ? qui a pu le mettre dans un état si piteux ? — Ah ! Monsieur, me répondit-il, c'est un homme qui a subi, il y a vingt ans de cela , le supplice de la roue. — Comment, m'écriais-je, il a été roué ! — Ah ! Monsieur, c'est une terrible histoire ! Il y avait un moine amoureux... et un bandit, qui était amoureux aussi..., et une femme qui en aimait un autre..., mais je ne saurais pas vous raconter tout cela ; vous ne me comprendriez pas, il faut le demander à votre hôtelier, lui qui parle si bien français. Le soir donc, après avoir soupé d'un rôti d'agneau et bu de l'excellente muscatel, en compagnie de deux marchands de bestiaux et d'un chevau-léger , j'interpellai mon hôte et lui demandai l'histoire du roué. L'hôte se leva, vida son verre et toussa. Tout le monde resta attentif, tandis que sa femme vint sournoisement s'asseoir dans un angle obscur de la chambre. Ce début était beau comme le commencement du second livre de l'Énéïde.

Mais, en vérité, que vais-je faire ? vous conter une histoire de brigand, d'amoureux et de supplicié, à vous l'homme grave, qui méprisez les romanciers, leurs pompes et leurs œuvres ! non décidément, je la réserve pour une dame, qui a le bon goût de les aimer et la politesse de me le dire, je n'ai déjà que trop abusé de ces instants précieux que vous consacrez aux études sérieuses, aux profondes théories. Je remonte dans la grande chambre. Qui sait? peut être cette nuit aurais-je une seconde aventure!

# Vᵉ LETTRE.



A MADAME ***.

Ah ! ça, mon révérend, je ne vous comprends pas ! vous gémissez sur la dureté de cœur des Sardes, qui refusent l'aumône à leurs moines , et pourtant votre besace est suffisamment arrondie ; vous déplorez l'esprit d'irréligion, qui envahit votre pays, et je vois vos églises pleines de fidèles, vos autels richement ornés ; et maintenant, vous me contez les aventures amoureuses de votre frère en saint François ! Est-ce que par hasard les moines sardes seraient affranchis du vœu de chasteté ? — Mon cher Monsieur, si vous étiez venu dans le pays il y a vingt ans, vous comprendriez mes regrets et mon affliction. Alors les prêtres étaient puissants et respectés ; la Madone et les saints recevaient de riches offrandes, et les frères n'étaient pas obligés d'interrompre leurs travaux et leurs prières, pour aller mendier des aumônes, qui leur ve-

naient en abondance. Mais, hélas ! aujourd'hui, l'indifférence
et l'impiété envahissent aussi notre pays, et la cause du mal,
Monsieur, notre saint archevêque de Cagliari l'a très bien indiquée dans son dernier mandement : ce sont les bateaux à
vapeur. Quant à nos serments religieux, nous faisons vœu de
pauvreté et d'obéissance, mais de chasteté, *tanto che lo com-
portera la natura.* Et mon compagnon de route accompagna
cette plaisanterie d'un éclat de rire vermeil. C'était un bon
moine : un moine, la béatitude fait homme, et dont la ro-
tondité prévenait en faveur de son caractère. Car, c'est un
privilége dont jouissent les hommes gras ; on est disposé à
croire à leur bonté et à leur franchise, tandis que les maigres,
au contraire, sont toujours soupçonnés des inclinations les
plus noires. Lui, du moins, ne faisait pas mentir le pro-
verbe, et les poignées de main, les saluts amicaux qu'il
échangeait avec tous les passants, faisaient foi de la sympathie
générale, qui lui était acquise. Au reste, n'en déplaise aux
libéraux intolérants, c'est une chose positive et qui semble
toute naturelle, que cette affection du peuple pour ces moines-
mendiants qui vivent avec lui, s'associant à toutes ses joies,
partageant toutes ses misères.

Mon moine était, en outre, un compagnon distrayant ; il
avait parcouru la Sardaigne dans tous les sens, l'aimait,
comme tout cœur bien-né doit aimer sa patrie, et voulait absolument me faire partager son admiration. Il s'extasiait sur
la beauté de la route, qui déroulait devant nous son ruban
de poussière ; il poussait des exclamations, à la vue d'une
pauvre rivière ensevelie sous les joncs de ses bords, et me
forçait, de temps à autre, à boire quelques gorgées de vin
de Monica qu'il portait avec lui, terminant toutes ses remarques par ces mots : En avez-vous en France de pareil ?
et sa figure s'épanouissait dans un sourire dédaigneux et
triomphant. Aux portes de Paoli-Latino, il me fit admirer la

richesse comparative de ces campagnes , empestées autrefois par d'immenses paludes , qui donnèrent leur nom au pays. A chaque instant il s'arrêtait pour cueillir , au bord du chemin, quelques épis de froment, dont il me fallait compter les grains , ou quelque laitue sauvage, dont il me vantait la saveur en les croquant à belles dents. Un troupeau de brebis traversait-il la route? il descendait aussitôt de cheval pour s'enquérir auprès du berger de la santé de ses bêtes et du nom de leur propriétaire, dont il m'énumérait alors le nombre de troupeaux. Les troupeaux , en effet , de chaque commune appartiennent à deux ou trois propriétaires au plus, et, traités avec plus de soins , deviendraient une des richesses les plus productives de l'île.

—Si les sons d'un cornet à bouquin venaient à retentir, ah ! disait-il , voilà un ânier qui appelle les *molenti* (les ânes qu'on appelle meuniers , parce que, la tête cachée dans le *faccili* , ils font tourner les meules à blé) ; et alors il fallait avec lui galoper dans la prairie, pour aller contempler ces bêtes lilliputiennes , mais pleines d'intelligence dans leur petit corps. Voyez donc ces porcs, qui ressemblent à des sangliers , portent la queue touffue , et ont un sabot au lieu d'ongles.... Oh ! les beaux chevaux ! vigoureux et rapides, ce n'est qu'ici qu'on en voit de pareils ! Et ces bœufs ! leurs cornes ont bien trois pieds de haut.... Ah ! les jolies femmes !... Décidément la Sardaigne est le premier pays du monde !!....

Toute contradiction eût été inutile, et je craignis de l'affliger, en attaquant son enthousiasme patriotique. Cependant, comme il me parlait du climat de la Sardaigne , de la sérénité inaltérable de ce ciel , où les jours pluvieux sont des exceptions , le tonnerre et l'orage des accidents , il est malheureux, osai-je lui dire , que l'intempérie , que des fièvres toutes locales , désolent un aussi beau pays ! — Comment , la Sardaigne est un pays fiévreux ? mais, Monsieur , c'est une calomnie inventée par quelques piémontais, qui étaient venus se fixer aux environs des anciens marais de San-Gavino. Là, passant leur vie à boire et à manger ; le soir, se promenant au serein ; la nuit, ne daignant pas se couvrir ; commettant enfin toutes sortes d'excès, ils y moururent bientôt, victimes de leur intempérance, comme ils seraient morts en tout autre pays. Les Sardes ne connaissent pas la fièvre, eux ; mais ce sont des hommes sobres, sages, religieux, des travailleurs infatigables, des amis généreux, etc., etc.... Et il commença, en l'honneur de ses compatriotes, une litanie, qui menaçait de devenir interminable, si je ne l'avais interrompu, en prononçant le mot de bandit.—Mais les bandits, reprit-il, ce sont des gens honnêtes et respectables comme vous et moi. Ils ont eux-mêmes frappé leur ennemi, sans vouloir s'en remettre au gouvernement du soin de leur vengeance. Au fait, de quoi se mêle le gouvernement ? à moi seul l'injure a été faite, à moi seul à la venger ! Oui, dans mon pays, il y a des bandits ; on assassine son ennemi, mais on ne le dépouille pas : il n'y a point de voleurs. Cependant, répondis-je, on m'a conté à l'auberge de Paoli-Latino, l'histoire d'un homme qui a été roué vif, pour avoir tué une femme, après avoir préalablement pillé sa maison. — Ce n'est pas ça, Monsieur, votre hôtelier vous a trompé ; moi je sais l'histoire de Juancho Romeri, et je vais vous la raconter.

Encore une histoire ! allez-vous dire? Oui, madame, et d'autant mieux que cette lettre vous est adressée. D'autres me reprocheront sans doute de n'écrire sur la Sardaigne, trop peu connue, que des rêveries incolores, dépourvues d'observations scientifiques, politiques ou morales, mais qu'y faire ? la faute en est à la nature, qui a pris si peu de peine à composer mon individu. Indifférent aux grandes questions sociales, je suis amoureux du monde visible ; les objets extérieurs frappent seuls mon imagination ; le désir de tout savoir , ce grand vice de l'espèce humaine , ne me dévore en aucune façon. Aussi , je compte sur votre indulgence ; car , en ce point , je vous ressemble, à vous , mesdames, qui ne cachez sous vos fronts ni politique , ni mathématique , ni philosophie , et qui ne tenez pour agréable que ce qui n'a aucune prétention métaphysique ou humanitaire. Au reste , une histoire indigène peut être ornée d'observations pleines d'intérêt , de détails pleins de couleurs et de vérité ; celle de mon moine aura peut-être ce mérite ; déjà le héros remplit , ce me semble , toutes les conditions de l'emploi : un scapulaire au cou , un teint de cigarre et un nom en *o* ; un moine y joue un rôle important , et la victime est une femme innocente et persécutée. Tel fut donc le récit du franciscain :

« Je suivais un soir la route tortueuse, qui va de la ville épiscopale d'Alais au village de Sanluri ; c'était pendant l'hiver ; le vent était froid et humide ; de gros nuages étendus sur l'azur du ciel augmentaient l'obscurité de la nuit. Je hâtai le pas , égrainant mon rosaire et marmottant mille patenôtres, pour conjurer le démon de la nuit et les rencontres nocturnes. Tout-à-coup je m'arrêtai , saisi de frayeur. Une ombre menaçante se dressait au milieu du chemin et me barrait le passage. Malgré l'obscurité, dont la nuit et la frayeur voilaient mon regard , je reconnus peu-à-peu que le spectre était un homme comme un autre , embossé dans un grand manteau de couleur foncée , qui, s'enroulant autour de son cou , ne laissait voir de son visage que deux regards étincelants. Qui es-tu ? me cria-t-il, où vas-tu ? Je m'empressai de lui décliner d'une voix tremblante mes nom, prénoms et qualités , sans oublier le but de mon voyage. Anselmo habite ce pays , reprit-il : tu vas me conduire à sa maison. Et il ajouta d'une voix sombre : Si tu me trompes, je me vengerai. Je lui répondis en tremblant , qu'il m'était impossible de lui

rendre ce service, ignorant complètement l'endroit, où était
située la maison d'Anselmo, dont le nom même m'était inconnu. Alors, sans ajouter la moindre interrogation, s'enfonçant dans les buissons du chemin, il disparut à mes yeux.
Quand je me retrouvai seul, la frayeur me rendit mes forces,
et je me mis à courir à toutes jambes du côté de Sanluri,
n'osant tourner la tête ni à droite ni à gauche, sans même
m'apercevoir que la pluie tombait par torrents.

Enfin, arrivé aux pieds de la dernière colline, vaincu par
la fatigue et le froid, je m'arrêtai, le désespoir au cœur.
Tout-à-coup, une clarté tutélaire, qui scintillait aux vitres
d'une chaumière isolée, frappa mon regard ; je repris courage, et je vins frapper à la porte, en réclamant l'hospitalité.
La porte, d'abord, s'ouvrit avec timidité, puis toute grande
devant la robe du capucin, et j'entrai. Autour d'un feu de
genevrier, qui remplissait la chambre d'une lumière pétil-
lante et se perdait dans le toit en odorante fumée ; avec une
indolence d'attitude toute séduisante, une jeune fille était
assise à côté de son père, grand vieillard à cheveux blancs,
tandis qu'une servante accroupie dans la cendre préparait
quelque modique souper. Ces deux jeunes filles, ce vieux
père, et, de plus, un petit âne couché au pied de sa meule,
composaient toute la population de la chaumière.

La double chaleur du foyer, et du vin muscat de Quartu,
dans lequel je trempai quelques morceaux de ce pain mat et
serré, d'une blancheur éblouissante, particulier à la Sardaigne, réparèrent mes forces, et me rendirent la parole et
la vie. Mon cher hôte, lui dis-je alors, connaissez-vous dans
ce pays un homme, qui habite une chaumière isolée et qui
s'appelle Anselmo ? assurément, mon révérend père, et
très intimement encore ; car c'est lui-même qui a le bonheur
de vous parler en ce moment. — Ah ! vraiment ; eh bien ! je
peux vous annoncer une visite pour ce soir peut-être ; car

j'ai rencontré en chemin un individu d'une tournure assez suspecte, qui voulait absolument que je le conduisisse chez vous.
Et je me mis à lui faire le récit de l'apparition nocturne qui
m'avait causé tant d'effroi. Mais, à mesure que je lui parlais,
je vis s'assombrir le front du vieillard, et une pâleur mortelle
se répandit sur son visage. — Avez-vous vu ses traits?... il a
les yeux bleus et brillants ?.... la barbe épaisse et noire?.... il
porte un bonnet écarlate brodé d'or ?... grand Dieu ! c'est
Juancho Romero !!! — Comme il n'a pas pris la peine de me
dire son nom, j'ignore s'il se nomme Juancho ; quant à son
visage, la nuit et les plis de son manteau m'ont empêché de
les reconnaître. Mais qui est donc ce Juancho, ajoutai-je,
dont le nom vous cause une terreur si profonde? — C'est un
homme méchant, que j'ai eu le malheur d'offenser sans le
connaître.... C'est un homme de cœur, que mon père a mor-
tellement outragé, reprit la jeune fille , et qui vengera sur
nous l'honneur de sa famille. A cette étrange interruption, je levai les yeux sur la jeune fille et la contemplai
avec attention. Elle était admirablement belle, mais d'une
beauté attrayante et sévère à la fois : avec d'épais cheveux
couleur d'ébène, et, sur un front d'ivoire, des sourcils noirs,
déliés comme un trait de plume, elle avait de grands yeux,
bleus comme l'eau de la mer, et frangés de cils longs et soyeux.
Ces yeux bleus, profondément enfoncés dans leur orbite, et
cernés par une teinte nacrée, donnaient à sa physionomie un
caractère étrange, et respiraient une tendresse et une ardeur,
que le monde et les plaisirs n'avaient point tari dans son cœur.

« Le regard de la jeune fille, en rencontrant le mien, me
causa une émotion si profonde, que je restai muet. Je n'osai
plus interroger mon hôte ; il rompit le premier le silence et
me raconta que, l'automne dernière , cédant aux sollicitations de sa fille, qui désirait assister à une belle fête, avec
toute l'ardeur que mettent les jeunes filles à l'accomplisse-

ment de leur désir ; il l'avait conduite à Cabras, le jour où l'on célébrait la fête du patron. Pour la belle Anita, qui n'était jamais sortie de son village, une cérémonie pareille était un plaisir, qui avait encore l'irrésistible attrait de l'inconnu. Avec son corsage de velours cramoisi, brodé d'or aux entournures, et serré aux poignets par de petits grelots d'argent, avec sa jupe violette, bordée d'écarlate, et ses souliers de satin, relevés en pointe, Anita était si jolie, qu'elle devint la reine de la fête. Et pourtant, ajouta mon franciscain entre deux parenthèses, les femmes de Cabras sont les plus belles de la terre, si belles, que la grande reine Marie-Thérèse, femme d'Emmanuel I<sup>er</sup>, passant un jour à Cabras, fut tellement ravie de leur beauté, qu'elle donna comme prix un baiser au front de l'une d'elles.

« Pendant toute la fête, les jeunes gens firent la cour à Anita ; tous voulaient avoir l'honneur de lui donner la main pour la conduire à la danse, et lui venaient offrir des bouquets de fraises et d'oranges, et des colombes enchaînées. Un surtout, nommé Joseph Romero, beau garçon de Macomer, qui, le matin, avait remporté avec son frère le prix de la course, poursuivait Anita de ses soins empressés ; il la suivit partout, et le soir il dansa souvent avec elle. La nuit venue, au moment du départ, son frère s'avança vers moi ; d'une voix émue, il me demanda pour Joseph la main de ma fille, et s'éloigna sans attendre une réponse qui m'eût fort embarrassé. En revenant chez moi, je m'informai auprès des voyageurs de Macomer de ce qu'était Joseph, et j'appris que c'était un brave garçon, mais ne possédant pour toute fortune qu'un petit terrain qu'il cultivait avec son frère Júancho. En conséquence, je lui fis dire qu'il devait renoncer à l'espérance de devenir mon gendre. Mais il était amoureux ; et, n'écoutant que sa passion, il quitta son frère, et vint habiter le pays, passant des journées entières autour de ma

maison , pour apercevoir Anita , qui pourtant n'avait pour lui
que de l'indifférence.

« Enfin , obsédé par son espionnage journalier , craignant
aussi pour ma fille l'excès de son amour dédaigné , je fus me
plaindre au juge , et le lui dénonçai comme un malfaiteur qui,
la nuit, rôdait autour de ma maison. Le juge le fit donc arrêter , et il passa quelques jours en prison. J'espérais bien que
son amour ne résisterait pas à cette épreuve ; mais ce fut
pour lui un affront si sensible , qu'il a quitté le pays pour
toujours. Juancho jura qu'il vengerait son frère et l'honneur
de leur nom outragé. Depuis ce jour.... Mais un coup violent
ébranla la porte , qui s'ouvrit : et le vieillard poussa un cri
terrible , et Juancho , le regard enflammé , d'une main tenant
sa carabine , de l'autre relevant les plis de son manteau , se
précipita dans la chaumière. A la vue de la jeune fille , il
s'arrêta d'abord avec hésitation; puis la saisissant par les deux
mains , il l'entraîna dehors et poussa la porte sur elle. Alors
venant à moi : Moine , me dit-il , confesse ce vieillard qui va
mourir. Le pauvre Anselmo n'éleva même pas la voix pour im-
plorer son ennemi ; mais, se prosternant à mes pieds, il se pré-
para à la mort. Il régnait alors dans la chaumière un silence
mortel, que troublaient seuls les sanglots étouffés de la jeune
fille , mêlés aux plaintes de l'ouragan. Juancho était adossé
à la muraille ; la flamme du foyer , agitée par le vent , on-
doyait çà et là , et les caprices de la clarté mouvante qui illuminait par moment sa tête , semblaient les images symboliques des débats effrayants qui torturaient son âme. Un
moment après , sur un geste impératif de Juancho , je sortis
de la chaumière. J'essayai d'entraîner Anita, assise immobile
sur le seuil de la porte ; mais elle ne me répondit pas, et
comme les instants étaient précieux, je courus vers San-Luri,
pour avertir les chevau-légers, et prévenir un malheur, s'il
était temps encore.

« Vous trouverez peut-être, mon cher cavalier, que j'aurais dû tenter quelques efforts pour sauver et défendre ses jours. Je vous avoue que cette pensée ne me vînt même pas. Juancho était dans son droit. C'était au reste une affaire toute personnelle entre lui et Anselmo ; il avait à venger l'honneur de son nom ; et l'usure est permise en vengeance. Je courais donc du côté de San-Luri, quand une clarté soudaine illumina la campagne et dessina mon ombre devant moi : je me retournai ; la cabane était en feu et les Romeri étaient vengés.

« Les chevau-légers partirent au galop à la poursuite de Juancho, qui s'enfuyait vers les montagnes ; et le fugitif allait être atteint, lorsque la Providence voulut qu'il rencontra sur son chemin une chapelle de refuge dans laquelle il entra. — O divine Providence ! murmurai-je entre mes dents. — Oui, cher cavalier, Juancho l'assassin rencontra sur son chemin une chapelle de refuge. Que la Providence s'arrange comme elle voudra : c'est là le fait. Il y a quelques années encore, en Sardaigne, çà et là disséminées dans les campagnes, s'élevaient de petites chapelles solitaires et toujours ouvertes, dans lesquelles les coupables fugitifs trouvaient un asile inviolable. Ils pouvaient y rester renfermés jusqu'à ce que la faim les obligeât à se livrer à la justice ; et souvent des amis fidèles leur venaient apporter quelque nourriture dans ces asiles, dont quelquefois ils ne pouvaient plus franchir le seuil, sous peine de mort. Mais hélas, ces chapelles sont tombées en ruines ; car aujourd'hui il n'y a plus rien de sacré pour la justice, et les gendarmes viennent saisir les coupables jusqu'aux pieds de l'autel.

« Deux jours après, Juancho était encore renfermé dans l'asile sacré. Les chevau-légers, le fusil sur l'épaule, comptant sur la faim pour leur livrer le prisonnier, rôdaient à l'entour, quand, vers le soir, ils aperçurent, se dirigeant vers

la chapelle, une jeune fille voilée, qui portait sur sa tête une
corbeille pleine de fruits, et retenait sur sa hanche une am—
phore alongée. Quelques moments après, nous la vîmes sortir
du refuge et marcher vers nous ; car pour moi, prévoyant
bien que Juancho ne se rendrait pas sans vendre chèrement
sa vie, j'étais venu vers sa retraite dans la pensée qu'on pour—
rait avoir besoin de mes pieux offices. La jeune fille semblait
une apparition céleste ; les rayons du soleil couchant l'enve—
loppaient comme d'une caresse et dessinait sa silouhette élé—
gante sur l'azur empourpré du soir. Un de ses bras, gracieu—
sement arrondi, retenait sur sa tête sa cruche encore pleine,
tandis que l'autre retombait le long de sa hanche avec
un mouvement plein de mélancolie et d'abandon. Son
*pezzaro* blanc flottait au vent, formant autour de sa figure
comme une auréôle capricieuse ; elle était charmante ainsi.
Quand elle fut près des soldats, elle retint son voile sur son vi—
sage, et, comme pour se débarasser de leurs galantes obsessions,
elle leur abandonna la cruche, pleine encore d'un vin géné—
reux. Mais, dans sa fuite, son voile un instant s'entrouvrit, et
je pus reconnaître les cheveux noirs et le regard d'azur de
la fille d'Anselmo, c'était Anita, Anita amoureuse de Juan—
cho, l'assassin de son père ! ! !

« Que voulez—vous ? les femmes sont ainsi faites. La fai—
blesse leur fait horreur ; et ce sont les qualités qui leur man—
quent le plus : une volonté inflexible, une énergie quelque
peu féroce, qui, chez l'homme, les passionnent au suprême
degré. Aussi, assassinez votre famille, tuez père et mère,
ayez l'âme enfin aussi noire qu'une soutane de jésuite, et
vous pouvez être sûr que toutes les femmes vont vous ado—
rer, et sacrifier pour vous, s'il le faut, leur bonheur et
leur vie. »

Que pensez—vous, Madame, de cette loi morale, décou—
verte par mon saint franciscain ? Il me semble difficile d'en nier

la justesse. Sans avoir eu l'occasion d'en constater la vérité dans toute sa rigueur, j'ai toujours vu les mauvais sujets être auprès des femmes l'objet d'une préférence scandaleuse, et leurs faveurs d'autant plus assurées que la réputation de scélératesse était plus incontestable. Mais c'est un peu, je crois, affaire de vanité ; c'est un spectacle si touchant que celui du vice vaincu par la beauté, et puis il est si flatteur d'enchaîner à sa suite un cœur ardemment disputé.

« La nuit venue, les soldats à moitié ivres s'éparpillèrent çà et là autour de la chapelle, et les deux sentinelles couchées en travers de la porte s'endormirent d'un profond sommeil. Le matin, quand l'officier pénétra dans le refuge, pour reconnaître son prisonnier, il ne le trouva plus ; Juancho s'était sauvé dans la montagne.

« Un mois s'était écoulé depuis cet événement, et personne n'avait plus entendu parler de Juancho. Réfugié sur les sommets les plus écartés, caché sous les forêts immenses et dans les grottes inaccessibles, il vivait sans doute du fruit de sa chasse et du lait des brebis des pasteurs. Pour Anita, elle habitait à San-luri une petite maison, que lui avaient donnée les *Barracelli*, pour l'indemniser de la perte de sa chaumière incendiée. Les *Barracelli* sont un corps de compagnie d'assurances armée. Moyennant une rétribution annuelle et proportionnée à la valeur des biens déclarés, les *Barracelli* s'engagent à réparer immédiatement les vols et les dégâts de toute espèce, quand ils n'ont su les prévenir. Anita menait une vie laborieuse et retirée, ne quittant sa maison que pour aller à l'église, et, chaque jour, elle offrait à l'autel de saint Lucifer un cierge béni et les fleurs de son jardin. C'était un vœu qu'elle avait fait pour obtenir la vie et le bonheur de Juancho. — Et le grand saint Lucifer, demandai-je, lui accorda-t-il la vie de son amant, bandit et assassin ? — Eh mon Dieu ! pouvait-il résister aux prières d'une fille aussi jolie ! » Heureux pays, pensai-je, où les saints sont sensibles aux charmes de la beauté, et comptent encore comme influence réelle, tandis que chez nous, hélas, ils sont réduits simplement à jouir d'une bonne renommée philosophique. Et pourtant il y a quelque chose de respectable et de touchant, dans cette foi naïve et profonde, dans ces superstitions saintes, qui font la consolation de la vie.

« Une orpheline, riche et jolie comme l'était Anita, ne pouvait manquer d'adorateurs ; aussi tous ceux qui avaient encore quelque jeunesse dans le cœur, à San-luri, en devinrent-ils bientôt amoureux, et chaque soir une foule de soupirants se réunissaient aux alentours de sa maison. Là, cachés sous l'ombre d'un balcon, où derrière le tronc d'un palmier, ils guettaient la belle fille, à son retour de l'église, pour lui décocher au passage une œillade assassine ou quelque galant madrigal. La nuit venue, on en voyait quelques-uns rôder sous ses fenêtres, attendant que l'ombre adorée se dessinât sur les murs, tandis que d'autres, plus hardis, par conséquent moins amoureux, improvisaient en chœur, au son de la laoneda, quelques couplets en son honneur. Le jour, sans doute, ils allaient soupirer dans les bois, écorchant le tronc des orangers, effeuillant les fleurs de grenade, se livrant enfin à toutes ces innocentes et sentimentales bêtises, en usage chez les amoureux de tous les pays, depuis la naissance du monde. Mais la belle orpheline demeurait insensible à leur peine, fière et distraite, elle n'avait pas même un sourire à donner en consolation à ces pauvres amants. Aussi, découragés par ses rigueurs, leur nombre diminuait sensiblement, et la belle devenait de plus en plus sauvage. D'abord, huit jours durant, sa porte demeura close ; puis, un soir, un galant endurci crut voir, derrière ses vitres, passer une ombre masculine, enfin, par un beau dimanche, sa place à l'église demeura vide, et, de ce jour, on ne la vit plus à San-luri.

« Vous pensez sans doute qu'Anita était allé dans les forêts retrouver celui qu'elle aimait, et partager la vie errante du bandit ? eh bien ! c'est ce qui était arrivé. La pauvre enfant, à jamais vouée à la fortune de Juancho, parcourait avec lui les montagnes de la Gallura et de la Barbagia, errant, tantôt au milieu des pasteurs, tantôt avec les autres bandits, qui, traqués de toutes parts par les chevau-légers, se réunissaient sous les ordres de Juancho pour repousser leurs attaques : car ses compagnons enthousiasmés par sa force, son adresse et son audace, les trois qualités suprêmes aux yeux des Sardes, avaient choisi Juancho pour leur chef. La réputation du capitaine s'était répandue dans l'île entière ; il était devenu le roi de la montagne, et Anita, sa compagne inséparable, partageait sa puissance et sa renommée. Elle était heureuse enfin : l'amour et la gloire de ce qu'elle aimait lui faisaient oublier sa réputation perdue, et voilaient de trop douloureux souvenirs ; et puis elle trouvait dans cette vie, vagabonde et tourmentée, des attraits inconnus. Et alors mon brave franciscain commença une apologie de cette existence aventureuse, qu'il accompagna de détails attendrissants sur les vertus des bandits, avec une complaisance qui cachait de secrètes sympathies. Pauvre saint homme ! la monotonie monastique lui pesait sans doute ; comme nous, il s'ennuyait de cette existence incolore que nous a faite la civilisation ; comme nous, il gémissait sur ce manque d'imprévu, qui fait le malheur de la vie moderne.

« Mais il arriva que le Vice-roi, voulant réprimer d'une façon énergique les entreprises des bandits dont le nombre et l'audace augmentaient chaque jour, lança à leur pousuite une armée de chevau-légers, de soldats et d'espions. Anita comprit alors qu'elle ne pouvait plus rester avec son amant, sans l'exposer à tomber entre les mains de ses ennemis, elle se résigna à l'abandonner et vint se réfugier à Paoli-latino, où elle était complétement inconnue. Elle habitait cette belle maison, qu'un seigneur espagnol fit construire pour une de ses maîtresses, et qui aujourd'hui sert de locanda. Là, insensible aux persécutions des curieux comme aux prévenances amoureuses, elle vivait dans le mystère et l'obscurité, attendant les jours plus heureux, où elle pourrait rejoindre Juancho, à l'amour duquel elle avait consacré sa vie : Juancho qui l'aimait, qui devait l'aimer toujours ! Le cœur aussi a ses superstitions.

« Un jour, à l'heure où l'horizon commence à s'empourprer aux rayons du soleil couchant, assise au seuil de sa maison, elle filait silencieuse, abandonnant son âme aux tristes rêveries du passé, ces rêveries, dont la douleur est enivrante. Mais, quand elle releva sa tête longtemps inclinée, elle vit venir sur la route un moine, le capuchon baissé, dont l'aspect lui causa un trouble indicible ; son fuseau s'échappa de ses doigts et roula par terre ; son sein se gonfla ; ses lèvres tremblaient ; ses tempes battaient avec violence ; et, malgré le nuage humide qui voilait son regard, elle crut voir, quand le moine passa devant elle, un anneau briller à son doigt. Cette démarche, c'était celle du bandit ; c'était sa taille, c'était sa tournure. Cet anneau, c'était celui qu'elle avait passé au doigt de son amant, le jour où elle devint sa compagne ; ce moine, c'était Juancho ; elle l'avait bien reconnu aux battements de son cœur ! — Mais que vient-il faire au village, où la mort l'attend peut-être? pour qui expose-t-il ainsi sa vie? pour moi, sans doute.... mais il n'a pas fait semblant de me voir ! ! Et alors, une pâleur mortelle couvrit son visage, son front se contracta, ses yeux brillèrent d'un éclat humide, et un sanglot étouffé jaillit enfin de sa gorge. Mais je peux me tromper, se dit-elle, quand l'excès de sa douleur fut un peu calmé, pourquoi me désespérer? peut-être n'est-ce pas Juancho ? Puis, soudain, se levant avec violence : « C'est lui ! s'il vient ici pour me trahir, je vais le savoir. » Et, jetant sur sa tête son voile de laine, elle sortit, et suivit le moine jusqu'à la porte de l'église.

Le jour baissait ; de petits nuages, que faisaient étinceler les clartés du couchant, pommelaient le ciel ; l'air était tiède et embaumé ; sur la place, des groupes de danseuses faisaient frissonner leurs jupes ondoyantes ; les laonedas nazillaient au vent, et, plus loin, la voix des chanteurs ronflait comme des tuyaux d'orgue. Anita s'arrêta quelques instants pour contempler ce spectacle, l'espérance rentrait dans son cœur ; puis elle fit le signe de la croix et s'enfonça sous les voûtes de l'église.

« Quelques fidèles, éparpillés çà et là, priaient avec ferveur. Anita, s'approchant alors du moine : Mon père, lui dit-elle, mon père, voulez-vous entendre ma confession ? Le moine ne laissa paraître ni émotion ni surprise, et vint s'asseoir dans la chapelle la plus obscure. Anita reprit courage... et, se prosternant à ses pieds, elle lui dit : Pardonnez-moi, mon père ; car mon crime est bien grand. Mon cœur parjure s'est laissé prendre aux séductions de la grandeur et des richesses ; l'absence m'a fait oublier celui auquel j'avais donné mon amour et ma vie ; j'ai trahi mes serments.... D'un bond le moine se dressa sur ses pieds, son capuchon tomba sur ses épaules ; c'était Juancho, les yeux flamboyants, les lèvres tremblantes, et, soudain, saisissant son poignard, il le plongea dans le cœur d'Anita. La pauvre femme tomba le visage contre terre ; puis, se relevant à moitié, elle se cramponnait aux mains du meurtrier qu'elle inondait de baisers et de larmes. Enfin, d'une voix éteinte :—Merci, lui dit-elle, Juancho ! Tu m'aimes encore, je meurs heureuse.— Et, retombant à ses pieds, elle expira ! !

« Juancho se précipita sur le cadavre et le tint longtemps embrassé, dans un désespoir morne et terrible. Et quand il se releva, des larmes brûlantes ruisselaient le long de ses

joues amaigries, et des rides soudaines sillonnaient son front ;
la jalousie et le désespoir d'un instant, l'agonie de son cœur,
l'avaient vieilli de dix ans. Alors, se tournant vers la foule
tremblante qui l'entourait : — Je suis Juancho, dit-il, dont la
vie est mise à prix ; conduisez-moi aux commandants de la
ville, et que les plus pauvres se partagent le prix de mon
sang.

« Pauvre Anita ! s'écria d'un ton attendri mon gros franciscain, la curiosité l'a rendue sacrilége, et l'a perdue comme
Eve sa mère, comme elle perd tous les hommes. La curiosité, ce besoin de tout savoir, qui s'est emparé de l'humanité,
est la cause des vices qui l'inondent, et la conduiront à sa
perte. Dieu nous a mis dans ce monde pour faire notre salut ;
il veut que nous jouissions des biens qu'il nous donne, et
nous défend de rechercher la cause des phénomènes qui nous
entourent. Le démon est le père de la science, c'est lui qui
pousse les hommes à ces inventions monstrueuses et diabo-
liques dont la terre est déjà couverte, et qui finiront par la
rendre inhabitable. Aussi, de tous les hommes, les plus par-
faits, ce sont les moines mendiants. Heureux et tranquilles,
ils n'ont d'autres soucis que celui de manger et de boire le
mieux possible, de chanter les louanges du Seigneur, et le
prier de les recevoir à leur mort dans son divin paradis : c'est
la grâce que je vous souhaite, ainsi-soit-il ! »

Le digne homme pourrait bien avoir raison. Ces bons
moines, qui vivent sans savoir ce qu'ils font, saintement occupés à manger, à boire et à louer le Seigneur, et meurent,
sans avoir rempli en ce monde de mission plus importante
que celle d'une bête ou d'une plante, sont peut-être beaucoup plus sages que nous. A coup sûr, ils sont plus heureux, et, pour moi, je me sens capable de suivre un jour les
conseils de mon franciscain et de me réfugier dans un couvent si, dans quelques années, il en existe encore sur la terre.

« En sa qualité de bandit et d'assassin , Juancho dépendait de la justice civile , et, comme tel, il fut condamné à la potence. Mais, sacrilége , il était justiciable de la cour ecclésiastique, qui ordonna qu'il fût roué vif jusqu'à ce que mort s'ensuivît.—De là grande contestation : laquelle devait céder à l'autre, de la justice civile ou de l'ecclésiastique? Cette importante question fut vivement controversée; mais enfin l'Eglise l'emporta, et Juancho fut roué vif sur la place de Paoli-Latino; quelques tours de roue encore, et il expirait, quand un courrier, porteur de sa grâce , arriva au pied de l'échafaud. — C'était le comte de *** qui, séduit par les hauts-faits du coupable, avait sollicité et obtenu cette grâce du vice-roi, et l'avait aussitôt expédiée à Paoli-Latino pour prévenir le supplice ; mais le porteur s'était amusé en route, et n'était arrivé qu'au moment le plus intéressant du spectacle. Le beau Juancho, célèbre autrefois dans la Sardaigne entière, les bras et les jambes rompus, la raison égarée, se traîne aujourd'hui sur les grandes routes en mendiant ! ! ! »

Tel fut , à peu près , le récit de mon franciscain. Et remarquez bien, madame, que je ne vous dis pas le récit exact, car vous pourriez alors me faire des réflexions, fort embarrassantes pour ma modestie, sur le style fleuri et les aperçus philosophiques de mon humble compagnon , et vous extasier peut-être sur l'étonnante mémoire dont je fais preuve, en vous rapportant fidèlement ses propres expressions. Au reste, cette mémoire merveilleuse est un précieux privilége, dont jouissent tous les narrateurs.

Intéressante ou non, comme vous le déciderez, cette histoire charma les ennuis d'une route monotone, à travers les steppes sauvages d'un pays poudreux et crevassé, et, à midi, nous atteignîmes Macomer. Des prairies marécageuses étendaient au loin leur verdure ardente et étoilée. Des troupeaux de cavales et de poulins cabriolaient sur le velours des gazons,

accouraient aux bords de la route, humant l'air avec inquiétude, nous regardant avec de grands yeux effarés, et dispa-
raissaient au galop à travers les touffes d'arbustes, qui se-
couaient à l'air leurs grappes de fleurs jaunes comme des
grelots d'or. Sur nos têtes, au sommet d'une montagne pelée,
se dressaient les murailles calcinées et les rochers lépreux de
Macomer.

Macomer, suspendue sur une crête brûlante, d'où l'œil domine au loin les campagnes inférieures, est une ville misérable, aux rues biscornues, aux maisons caverneuses. Son caractère sauvage et mystérieux pourrait la faire soupçonner
d'être un repaire, où les pirates se réfugient, après avoir dé-
vasté les contrées environnantes. L'aspect farouche de ses
habitants, et surtout une aventure, dont je fus témoin, donnent quelque valeur à mes soupçons.

Sur une place de la ville, ombragée d'un platane gigantesque, s'agitait, empressée et curieuse, une foule compacte
d'hommes, de femmes et d'enfants. Les hommes, ces grands
hommes basanés et barbus du cap supérieur, causaient et ges-
ticulaient avec véhémence, tandis que les femmes, au contraire, parlaient bas, et soupiraient; quelques-unes même
essuyaient leurs yeux baignés de larmes ; les enfants criaient.
Je fendis la foule, et je parvins aux pieds du platane. Là ,
étendu , j'aperçus un ours , un bel ours gris des Alpes, et un
homme jeune encore. Ils étaient morts tous deux, et l'histoire
de leur fin tragique faisait l'objet de toutes les conversations.
Depuis quelques jours, un Savoyard était arrivé à Macomer,
conduisant un ours dressé, dont les gentillesses faisaient la
joie des spectateurs et la fortune de son maître. Mais, la veille
de mon arrivée, par l'effet d'une distraction, qu'expliquaient
des libations trop prolongées, l'ours trouva la porte de sa
cabane entr'ouverte et se sauva dans la campagne. Un
troupeau de moutons, paissait sur son passage; la faim, l'occa-

sion ou quelque démon le pressant, il se jeta sur cette proie et commença un affreux carnage. Les pasteurs de Macomer accoururent au secours de leurs brebis, et mirent fin au repas de l'ours en le tuant sans miséricorde. En ce moment, le savoyard arrivait armé d'un bâton, à la poursuite de son élève fugitif; mais les bergers n'écoutant que leur fureur, le saisirent et lui campèrent impitoyablement deux balles dans la tête. Au matin, un bouvier les ayant aperçus, avait placé sur son char le savoyard et l'ours, et les avait ramenés à la ville.

Macomer n'offre rien d'attrayant à l'oisiveté des voyageurs. Aussi, après quelques heures de halte, je quittai ce village qu'eût aimé Salvator Rosa, et m'enfonçai résolument dans les collines supérieures. De grands rochers fauves dressaient dans le ciel leurs pitons, aigus comme des aiguilles gothiques, où parfois la silhouette bizarre d'un cavalier solitaire se découpait sur l'azur du ciel. Des torrents de pierres roulantes traçaient aux flancs de la montagne des lignes plus blanches, et se précipitaient au fond du ravin, à travers les lauriers roses et les lentisques renversés. Il me fallut grimper, pendant une heure ou deux, contre ces parois de granit, embrasées par un soleil implacable, pour avoir ensuite le plaisir de redescendre dans la plaine, mais dans une plaine verdoyante et fleurie, se relevant un peu à ses extrémités en gracieuses collines, couronnées d'arbres immenses. Une fois sorti des gorges de Macomer, la route jusqu'à Sassari ne traverse plus que de vastes forêts d'arbres verts, des campagnes heureuses, des solitudes attrayantes ou des vallées fraîches et humides. Mais ces forêts séculaires sont profanées, exploitées sans règle ni mesure, indignement dévastées, au nom du Gouvernement piémontais, par la maison Bianchi. Les squelettes géants de ces arbres mutilés, gisent le long de la route attendant que les bœufs les charrient jusqu'au rivage pro-

chain, pour franchir les mers et enrichir les chantiers de la
Méditerranée.

Mon moine m'avait quitté, et j'avais, pour le remplacer et
me guider dans ma route, un marchand de Macomer, qui allait
à Tempio. Suivant l'usage du pays, il avait chargé sa marchan-
dise sur le dos d'un bœuf, bâté comme le sont chez nous les
mulets et les ânes, et qui trottait à nos côtés. Tout marchand
de fromage et d'huile qu'il était, cet homme n'était ni plus
ni moins que le poëte de Macomer. Chaque village, en Sardaigne, a le sien, qu'il honore et dont il est fier. J'ignore si
le sujet l'avait inspiré, ou s'il cédait à l'influence d'un magnifique foulard orange que j'avais passé à son cou, mais il
improvisa en mon honneur une complainte en soixante couplets. C'était une poésie orientale et soporifique, et la modestie
ne me permet pas de vous en donner la traduction.

Au sortir de la forêt, dont l'improvisation de mon poëte
avait fait retentir les échos, la route tout-à-coup se dérobe
aux yeux du voyageur, la plaine s'abîme sous ses pas, et se
creuse en une vallée immense, dont les magnificences inconnues me tinrent longtemps plongé dans un profond en-
chantement. Je restai muet d'admiration : c'est la manière
classique et suprême de témoigner son enthousiasme admi-
ratif ; et c'est aussi la plus commode. Le soleil commençait
à disparaître derrière les têtes verdoyantes des grands arbres,
qui laissaient filtrer encore çà et là sur le gazon quelques
rayons oubliés : la lumière adoucie permettait de distinguer
les détails ravissants et coquets de ce panorama splendide.
L'immense vallée, encadrée dans un horizon de montagnes,
étalait ses campagnes diaprées comme une robe de soie
changeante, semées de bosquets d'oliviers, du milieu desquels
les sveltes peupliers élançaient leur palme toujours agitée.
Les sommets, éclairés par les rayons du soleil couchant,
rayonnaient au-dessus des vallées sombres, tandis que d'autres

plans de montagnes s'effaçaient au loin dans de poétiques et mystérieuses profondeurs.

Arrivés au fond de la vallée, nous nous dirigeâmes vers la cantonnière du petit hameau de Bonorve, dont le toit en coupole laissait échapper une colonne de fumée blanche, qui se perdait à travers les branches d'un bouquet d'accacias. La maîtresse du logis était devant sa porte, et, venant à notre rencontre, elle m'accueillit par ces gracieuses paroles : *se la casa e piccola, il cuore è grande.* La *casa* était en effet bien petite, et encombrée déjà de voyageurs, dont les chevaux enchaînés aux boucles de la muraille, hennissaient à l'entour. Isolée dans cette solitude, qui s'étend de Macomer à Sassari, et d'Algher à Tempio, la cantonnière de Bonorve est le rendez-vous des voyageurs qui traversent le pays. Mais si la casa était petite, la bonté complaisante de notre hôtesse était charmante. Sa beauté, quoique altérée par les années et les chagrins, et ses manières pleines d'une distinction native, faisaient naître pour elle une sympathie respectueuse et irrésistible. La signora Antonia était née à Sassari ; elle avait passé son enfance dans une de ces jolies maisons italiennes, qui cachent derrière leurs murailles enluminées, de petits bosquets d'orangers, animés par le murmure d'une fontaine, dont les eaux entretiennent le velours épais du gazon. Paresseuse à ravir, la belle Antonia passait sa vie à dormir, à rêver et à chanter, à chanter surtout : car elle avait une voix magnifique, et dont la beauté causa le malheur de sa vie. Un jeune officier piémontais, assistant un jour par hazard aux offices de l'église, fut tellement séduit de la splendeur sympathique de cette voie, qu'il voulut voir Antonia. Il la vit, et la beauté de la jeune fille compléta les séductions de son chant. L'officier devint passionnément amoureux, et par un beau jour il enleva Antonia, et les deux amants se sauvèrent à Gênes. Après quelques années de bonheur, l'officier disparut et laissa la pauvre femme devenue mère d'un petit garçon, dans un dénûment complet. Alors, pour échapper à la misère, elle entra au théâtre. La double royauté du talent et de la beauté lui firent avoir un succès prodigieux, et longtemps elle fut l'idole des *dilettantis* du Carlofelice de Gênes. Mais peu à peu sa voix s'affaiblit ; sa beauté souveraine s'altéra ; et les Italiens, enthousiastes, mais ingrats et sans pitié pour leurs comédiens, comme leurs ancêtres de Rome, ne voulurent plus entendre l'artiste qui les charmait autrefois. La maladie survint, et l'idole tombée, pauvre et délaissée, revint en Sardaigne avec son fils devenu jeune homme. Mais, ne voulant pas vivre à Sassari, qui autrefois l'avait vue heureuse, elle se réfugia au village de Bonorve. Là, installée dans une chétive maison, elle reçut les voyageurs qu'elle nourrissait et logeait pour un modique salaire, tandis que son fils chassait dans les montagnes, ou dressait les chevaux sauvages pour les officiers de Sassari. Elle vivait ainsi oubliée, et cette vie monotone, mais paisible, se faisait peu à peu pour elle une vie heureuse. Lorsqu'un soir de l'automne dernière, qu'assise devant sa porte, elle attendait son chasseur absent depuis la veille, un coup de fusil retentit à ses côtés. Elle se lève, et aperçoit son fils qui accourait à elle, poursuivi par deux cavaliers : un second coup partit, et le pauvre jeune homme vint tomber sanglant aux pieds de sa mère.

Il mourut, et, comme Antonia était un personnage sans importance, et que surtout elle était incapable de payer les frais de la justice, les juges mentionnèrent le crime, mais n'en recherchèrent ni la cause ni les auteurs.

L'intérieur de la cantonnière était encombrée de voyageurs, de pionniers et de chiens, qui s'arrangeaient le mieux possible autour d'un grand feu, pour dormir le plus convenablement. Pour moi, malgré les instances de Madame Antonia, qui vou-

lait me faire accepter sa chambre, je préférai rester dehors.
Le ciel constellé valait bien le plafond fumeux de la locande,
et la terre un parquet équivoque. Au reste, cette campagne,
qui s'épanouissait, heureuse et fertile, aux rayons ardents
du soleil, était bien plus attrayante encore pendant les ombres
de la nuit.

Un vent tiède traversait l'espace, tout chargé des senteurs
des orangers et des tubéreuses ; des gerbes de lumière pleu-
vaient des étoiles, illuminaient la cîme des arbres, et faisaient luire devant moi les mufles lustrés des bœufs, qui,
plongés dans leur somnolence rêveuse, ruminaient, age-
nouillés dans les herbes humides. Les luccioles embrasées
voltigeaient en tous sens ; les tourterelles, cachées sous les
rameaux, roucoulaient un hymne aux amours nocturnes ;
les insectes bourdonnaient sur tous les tons, et une cascade
lointaine mêlait ses accords monotones aux mille bruits de la
nature. La sérénité profonde, la tristesse majestueuse de cette
nuit splendide, me plongèrent dans un doux recueillement.
Toutes fibres religieuses de mon cœur furent puissamment
excitées, et mon âme, trop pleine, s'éleva instinctivement
vers l'auteur de ces merveilles.

La foi est fille de la nuit. Pour moi, le soleil couché, un
saint recueillement s'empare de mes esprits, et mes instincts
religieux s'éveillent d'autant plus puissants que la nuit est
plus noire. Mais les premiers rayons du jour dissipent le
charme pieux et réveillent ma raison. Le doute est fils du
jour. J'admire la créature, sans plus guère songer au créateur. J'ai peine à comprendre alors, l'attrait que certains esprits
malades trouvent dans le mysticisme, et je ne m'occupe que
du monde visible qui seul peut-être a mes affections. Aussi
parfois, contemplant les chefs-d'œuvres mutilés de l'art
païen, il me vient la tentation de me révolter contre cet ascé-
tisme absurde, qui s'est déclaré l'ennemi de la beauté phy-

sique, image visible, pourtant, de la divinité. Je déplore les doctrines de ces disciples d'une religion mal comprise, qui ont prêché le mépris de la forme, le jeûne et les macérations exagérées, ont inventé la vertu de pruderie, les soutanes noires et huileuses, et les figures béates.

Au matin, je fus agréablement surpris en voyant sortir de la cantonnière et venir à moi, un jeune homme que je n'y avait pas vu la veille, et qui m'adressa la parole en français. Ancien élève de l'École polytechnique, ingénieur à Bastia, il se rendait à Cagliari pour une mission quelconque. C'était un beau et aimable garçon, et quand je vous le dis, Madame, vous me pouvez croire ; car je professe pour tout ce qui tient à cette estimable école une aversion réfléchie. Je les trouve souverainement ridicules, ces bons jeunes gens, si contents d'abord de leur petite personne, couronnée de travers d'un chapeau à claque, et attachée à une épée innocente : parcourant les rues de Paris, avec une dignité réjouissante : fiers de leurs anciens, qui crurent avoir fait la révolution de Juillet, comme eux aussi sont persuadés d'avoir sauvé la France en Février : et plus tard, impérieux et capables, estimant la société trop heureuse, quand ils daignent s'en faire les mentors. Comme ce charmant compatriote ne devait repartir que le soir, et que j'étais enchanté de profiter de sa compagnie, nous résolûmes d'aller ensemble visiter les grottes situées à une petite heure de la cantonnière de Bonorve.

Après avoir traversé des bois d'oliviers et de myrthes clairsemés aux flancs des collines, nous entrâmes dans un ravin sauvage, comme on doit en rencontrer dans les montagnes de l'Atlas, ou, mieux encore, de la Judée. De grandes roches perpendiculaires s'alongeaient devant nous et sur nos têtes, comme une double muraille, découpant leurs créneaux gigantesque sur l'azur incandescent du ciel. Une lumière écla-

tante faisait étinceler leurs flancs dorés et polis, veinés çà et
là de rayures bleues ou amaranthe. A leurs pieds, des
cactus, aux palettes énormes, tordaient leurs tronçons dif-
formes, semblables à des boas monstrueux, et plus haut,
accrochés au hasard, les aloës ouvraient leurs grands éventails de lames azurées. Dans le fond, une petite rivière roulait ses eaux profondes et endormies, du milieu desquelles
les nénuphars élevaient leurs cloches d'or. Des libellules aux
ailes d'émeraude voltigeaient au-dessus, tandis qu'une cigogne solitaire baignait plus loin ses ailes blanches. C'était
la reproduction réelle d'une de ces toiles merveilleuses,
chauffées d'une couleur transparente, pleines d'une profonde
mélancolie, et dont Marylhat, hélas! a sans doute emporté le
secret dans sa tombe.

C'est, au flanc de ce ravin, à l'extrémité d'une muraille, qui,
dressant au milieu des eaux une pyramide renversée, in-
dique la place où s'élevait jadis un pont de pierre, qu'est
percée la grotte de Bonorve. Quelques ouvertures arrondies
donnent accès dans d'étroits corridors et conduisent à une
salle spacieuse, voûtée en forme de coquille. Une lumière
incertaine, qui se faufile à travers les crevasses du rocher,
éclaire faiblement les parois polies et le sol de la caverne. A
quelle époque fut creusée cette grotte évidemment agrandie
et façonnée par la main des hommes? dans quel but? que
signifient ces caractères inconnus et altérés, qui s'effacent sur
le rocher, au-dessus de l'entrée principale? Je l'ignore;
mais, pour un antiquaire, quelle source d'études et de jouissances cachées sous ces rochers de feu! Moi, je suis un barbare, et j'aurais rapporté de ces grottes de Bonorve un souvenir assez maussade, sans la conversation spirituelle de mon
compagnon, une rencontre inattendue, et un déjeûuer excellent.

La chaleur était devenue morne et étouffante ; de gros

nuages floconneux s'amoncelaient à l'horizon et s'étendaient peu-à-peu sur le ciel. Le tonnerre faisait entendre des grondements de plus en plus rapprochés ; et bientôt les célestes réservoirs s'ouvrirent, et des cataractes de pluie inondèrent la vallée. Aussitôt nous attachâmes nos chevaux sous la corniche avancée que formait le rocher au-dessus de la grotte, où nous nous précipitâmes, entraînant avec nous notre panier de provisions. Mollement étendus sur nos *capotous*, nous contemplions avec admiration les effets de l'orage, les buissons et les arbustes déracinés par le vent, précipités au fond du ravin, la pluie tombant en cascades par les crevasses des rochers, tandis que, à nos côtés, notre guide étalait un déjeûner complet. — *Quam juvat immites ventos audire cubantem !! —* C'était bien la plus charmante manière de jouir de l'orage. Déjà les tranches de jambon s'amoindrissaient sensiblement ; déjà les bouteilles gisaient débouchées, quand tout-à-coup... mais permettez-moi de m'interrompre pour vous rassurer contre les inquiétudes que pourraient vous causer cette caverne et la forme dramatique de mon récit. Il y a une influence secrète exercée par les lieux sur les événements de la vie, et la réputation anacréontique des grottes est faite depuis longues années. Les grottes ont été de tout temps les témoins discrets d'aventures semblables à celle d'Enée et de Didon, et l'orage, qui grondait alors sur nos têtes, est un rapprochement aggravant. Mais, soyez sans inquiétude, celles de Bonorve n'ont rien encore à se reprocher en ce genre, du moins à ma connaissance. Donc, la tête légèrement échauffée par de copieuses libations ; le verre à la main, le cigarre aux dents, nous entonnâmes une joyeuse chanson, souvenir de notre vie d'étudiants retrouvé au fond de notre verre. Au moment où nous nous arrêtions pour reprendre ensemble le couplet, une voix retentissante venant du dehors entonna le refrain connu : *Les bons amis ne sont pas si fous,* — *que de se quitter sans boire un coup!* Un éclair étincela, le tonnerre gronda, et après s'être fait ainsi annoncer, un jeune homme entra dans la caverne. C'était un compatriote qui nous tombait du ciel. Alors nous nous mîmes à causer et à rire tous trois, comme d'anciens amis qui se retrouveraient après une longue absence. Trois Français, à-peu-près du même âge, venant de pays opposés, se rencontrer, si loin du sol natal, dans ces roches inaccessibles! c'était un hasard incompréhensible, une galanterie de la Providence, que nous célébrâmes par un second déjeûner, par de nouveaux flacons, par des chansons et des folies.

Peu-à-peu l'orage se dissipa. Nous reprîmes tous trois le chemin de Bonorve, traversant les ravins inondés, les prairies plus ardentes, où couraient encore de grandes ombres projetées par un nuage transparent, et respirant ces parfums pénétrants, que le soleil fait jaillir de la terre après la pluie. A moitié chemin, le dernier venu nous quitta ; il allait acheter des armes arabes à la fabrique de Tempio. Je passai quelques heures encore avec le jeune ingénieur, et le soir, je lui dis adieu, sans doute pour toujours. Ce sont ces rencontres qui font le bonheur et la tristesse de la vie voyageuse. Le hasard vous jette sur la même route, quelques paroles échangées éveillent de mutuelles sympathies : un jour entier l'on vit comme de vieux amis, et le lendemain l'on se quitte pour ne plus jamais se revoir ; c'est là une image frappante de l'instabilité de la vie de l'homme sur la terre. Au reste, il vaut peut-être mieux que les choses se passent ainsi : car, dans cette vie, il ne faudrait jamais, je crois, revoir les hommes comme les lieux qu'on a vus avec plaisir une première fois.

Madame Antonia m'avait préparé une chambre pour la nuit avec un soin tout maternel ; le soir nous causâmes long-temps ensemble de sa vie passée, l'avenir n'existait plus pour elle , et de ses beaux jours de gloire artistique, dont les échos lointains faisaient encore battre son cœur. Le lendemain , au moment du départ, elle m'apporta des cédrats et des oranges, dont elle remplit mes poches. Son visage était triste, et des larmes germaient péniblement au coin de ses paupières. Je l'embrassai, et m'élançai sur mon cheval, pour échapper par le mouvement à la contagion de la sensibilité , qui commençait à me gagner. Aujourd'hui encore , souvent je rêve à la pauvre Antonia , et son souvenir conserve pour moi un charme indescriptible :

« C'est du Ségrais tout pur ; c'est de la Bergerie. »

VIᵉ LETTRE.

———

A Monsieur C....


Messieurs, étiez-vous hier au théâtre ? Jamais la Robottini
n'a si bien chanté ; c'est une artiste adorable, et je me sens
capable de faire pour elle des folies, foi de Bersagliero ; et, ce
disant , un jeune officier frisa sa moustache, en se rengor-
geant dans son joli costume d'opéra-comique. — Vous n'êtes
pas dégoûté, mon cher ; mais il faut bien avouer que nous
avons , pour cette saison, une des meilleures troupes de l'I-
talie ; et puis , cette musique d'*Hernani* est si belle ! Jamais
Rossini n'a rien fait de comparable ! et vraiment, Meyerbeer,
dont les Français sont si enthousiastes , ne pourrait soutenir
la comparaison avec notre Verdi. — Voulez-vous avoir la
bonté de me faire passer ce vin de Monica ? décidément, voilà
qui vaut mieux que tous les vins de France et d'Italie ! —
Mais je crois que nous avons un nouveau convive ? Monsieur

est étranger ?...Ah ! vous arrivez de Cagliari ? et vous êtes Français ?... Monsieur vient sans doute dans notre pays pour faire quelques achats ? Les étoffes de laine et le corail d'Algher sont si beaux ! les armes de Tempio ont une réputation universelle, et les chevaux de la Sardaigne sont reconnus aujourd'hui pour les meilleurs de l'Europe.

Je ne m'occupe pas de commerce, répondis-je, en m'inclinant vers mon voisin de gauche, estimable négociant de Sassari.— « Monsieur a peut-être une mission scientifique de son gouvernement ? il vient pour étudier nos institutions et nos réformes gouvernementales, et recueillir nos dernières découvertes dans le domaine de la science ? On doit, en effet, se préoccuper, à Paris, des travaux importants de notre Université ? J'ai l'honneur d'en faire partie, et je serais trop heureux de pouvoir mettre à la disposition de Monsieur mes faibles lumières... » Je me retournai, en le remerciant, vers mon voisin de droite : c'était un petit vieillard à l'œil ardent, aux manières juvéniles, qui, sans doute, avait retrouvé une seconde jeunesse dans la poussière de ses livres, comme Faust dans les rayons de sa bibliothèque. — Alors, Monsieur, vous êtes venu dans notre île, seulement pour la visiter ? vous avez été séduit, je le gage, par les récits enchantés des voyageurs. C'est, en effet, un beau pays que notre Sardaigne ! rien ne peut se comparer aux riantes campagnes de l'Ogliastro, à la richesse des plaines du Campidano, à la grandeur majestueuse de la Barbagia ; Millis est un véritable paradis terrestre, et les environs de Sassari sont une suite de bosquets délicieux. Cagliari est une grande ville, dont le port, bientôt, deviendra le plus important de la Méditerranée ; et Sassari, par l'étendue de son commerce, par ses richesses artistiques, par la beauté de ses monuments, peut lutter, dès aujourd'hui, avec les villes les plus renommées de l'Italie. Je recommande surtout à votre attention notre belle cathédrale, les tableaux de notre célèbre Deida, le peintre le plus habile de la Jeune-Italie, c'est tout dire, et les œuvres d'un statuaire de Sassari, dont la gloire éclipsera peut-être un jour celle de Canova.

Telle était à peu près l'intéressante conversation de la table d'hôte de l'*osteria della Croce*, où j'étais descendu depuis quelques heures. C'était, comme toujours, une succession de paroles absurdes ou insignifiantes, comme il s'en débite en toutes réunions, où les sots, en majorité, font le bonheur de quelques gens d'esprit. Toujours ces mêmes facéties renouvelées à perpétuité, ces propos qui font bouillir le sang et saisir avec empressement son chapeau; toujours ce même système d'éloges octroyés aux dépens d'une gloire rivale ou incontestable : effet ordinaire de la paresse de notre esprit, qui adopte exclusivement un homme, ses idées et ses systèmes, pour s'éviter la peine d'en étudier d'autres : injustice honteuse que peut excuser à peine un ridicule patriotisme ! Mais il fallait manger à la table d'hôte de l'hôtel *della Croce* : c'était l'unique manière de vivre offerte aux étrangers, à Sassari ; elle était, en outre, copieusement servie, et l'hôtesse qui en faisait les honneurs, était une brune fort jolie, pleine de grâces et de chatteries. Chaque soir, son mari la rossait sans pitié : façon toute préventive, j'aime à le croire, de veiller sur sa fidélité conjugale.

Parmi les convives, se trouvait un jeune homme d'un esprit aimable et sérieux, avec lequel je fis connaissance ; c'était un médecin. Il avait déjà la tournure doctorale ; la sévérité de ses principes, la gravité de sa position se lisaient jusque dans le collet huileux de sa lévite, et dans les plis de sa cravate. Comme tous ses confrères, il aimait à parsemer la conversation de fleurs classiques : heureux, surtout, quand il pouvait se servir de termes techniques et inusités. En sa qualité de docteur, il se croyait les plus profondes connaissances en matière artistique ; mais, comme d'ordinaire, c'était une prétention peu justifiée. La peinture est peut-être un peu comme la musique : pour la juger et la comprendre , pour percevoir les sensations infinies qu'elle procure , l'esprit doit être préparé et ouvert par une étude et un exercice préalables. Mon jeune docteur devint mon guide fidèle, et ce fut, en sa compagnie, que je visitai Sassari et ses environs.

Après avoir traversé le village de Toralba , et franchi les derniers sommets des montagnes du nord, on entre dans les jardins d'oliviers et d'amandiers , dont le feuillage , pâle et chenu, abrite le voyageur jusqu'aux portes de Sassari. Sur la pente onduleuse d'une colline, qui vient épancher ses ombrages dans une plaine , semblable à une mer de verdure, s'élèvent les maisons enluminées et les clochers trapus de la capitale du cap supérieur. Au loin, l'œil aperçoit la ligne bleue et inflexible de la mer , quelques îlots épars sur les eaux, et, parfois visible, dit-on, aux bords du ciel, une côte brumeuse et incertaine : c'est la Corse.

En entrant dans la ville, on rencontre d'abord une place spacieuse , rendez-vous matinal de tous les approvisionneurs venus des environs. Là , à travers des montagnes d'oranges , d'herbages et de venaisons , fourmillent , se heurtent et se croisent les corsages écarlates, les vestes en peau de mouflon, les manteaux superbement déguenillés , les tournures cambrées , les figures mâles et bituminées par le soleil et la misère , les barbes en broussailles, et les cheveux dénoués, ruisselant en noires ondes sur des épaules d'ivoire : c'est un spectacle étrange et pittoresque.

Au sortir de la place, on descend une rue rapide et d'une largeur suffisante, qui traverse la ville dans toute sa longueur, et aboutit à une porte de pierres, antique et pantelante, s'ouvrant sur la route de Porto-Torres. Cette rue, c'est le *Corso* de Sassari, c'est la ville tout entière ; quelques ruelles ouvrent bien çà et là leurs entrées désertes , quelques maisons égarées s'éparpillent bien un peu à droite et à gauche, mais la vie, le mouvement, le commerce, ne sortent pas du *Corso*. Là, sur des dalles en losange, et polies comme celles de Gênes, passent et repassent sans cesse , et les beaux Catalans d'Algher , et les marchands de Tempio , avec des ceintures hérissées d'armes éclatantes, et les fruitières, les bras nus, la jupe galamment retroussée , la tête encadrée dans des auréoles de fruits et de fleurs, et les porteurs d'eau , poussant devant eux des miniatures d'ânes , et des soldats piémontais, et des étudiants enfouis sous les plis d'un petit collet couronné d'un tricorne, et les citadins, en habit bleu, en chapeau rond ; enfin , une foule incessante , courant des marchés aux églises , des églises aux cafés , des cafés à l'Université , au théâtre. Mais c'est le dimanche , surtout , quand les offices religieux sont terminés , que le *Corso* offre un coup-d'œil charmant et animé. C'est alors une confusion , une mêlée châtoyante de chapeaux empennés, de rubans incarnats , de bonnets rouges, de mantilles de taffetas changeant , de casques étincelants , d'aigrettes diamantées, un véritable ruisseau de velours, d'or, de perles et de bijoux, roulant entre deux rangs de chaises. Les conversations bourdonnent et se mêlent ; les saluts, les œillades se croisent en tous sens ; les éventails espagnols s'ouvrent et palpitent sous les doigts des promeneuses, comme les ailes d'un pigeon ; les balcons, couverts de grands tapis qui flottent au vent, se garnissent de curieuses, et ressemblent à des corbeilles de fleurs ; les airs se parfument des senteurs féminines , des tubéreuses et des violettes, tandis qu'à l'extrémité de la promenade, la musique militaire fait entendre ses bruyants accords.

Sassari a l'aspect d'une ville continentale ; les monuments anciens tombent en ruine ; les édifices modernes qui les remplacent, sont mesquins et vulgaires ; les nombreuses constructions qui s'élèvent, n'ont ni tournure ni caractère; et déjà les enluminages naïfs et les reliefs allégoriques, qui décoraient les façades des maisons, s'effacent peu-à-peu sous le badigeon piémontais et les fumées du charbon de terre. Aussi, lorsqu'il parcourt ces rues proprettes et dallées, lorsqu'il visite ces églises blanchies à la chaux, ces maisons européennes, ces cafés ornés de glaces encadrées dans le cuivre, si ce n'étaient ce langage bizarre, italien et catalan, qui ronfle et siffle à son oreille, ces costumes étincelants et variés, et surtout la beauté des femmes, beauté grave et puissante, mais où la passion ennoblit la matière, le voyageur pourrait se croire dans une ville florissante des côtes de l'Italie.

Les habitants de Sassari, fiers de l'importance industrielle de leur cité et de leur civilisation plus avancée, convaincus de leur supériorité intellectuelle, et surtout pleins d'un mépris jaloux pour les rues montueuses, les toits en coupole, l'aspect barbaresque et sauvage, le palais et le golfe immense de Cagliari, réclament, pour leur ville, le siége du gouvernement et de la vice-royauté; mais c'est une prétention que rien ne justifie. La magnificence et l'importance unique de la position de Cagliari, sa population plus nombreuse, ses richesses et son antiquité en ont fait, pour toujours, la capitale de la Sardaigne. Sassari ne possède pas un seul monument d'une valeur artistique réelle ; son hôtel-de-ville est d'une insignifiance complète ; sa salle de spectacle, brillante et coquette, est encagée entre quatre murs ennuyés, percés de fenêtres monotones; et, malgré l'enthousiasme du docteur, malgré ma bonne volonté, je n'ai pas éprouvé la moindre extase devant la cathédrale. — Cette église, célèbre en Sardaigne, est située sur une petite place, à côté du *Corso*. Quelques marches conduisent à une galerie extérieure, formée de trois pilastres réunis entre eux par une voûte et couverts d'ornements rococo : au-dessus de l'arcade du milieu , jaillit l'écusson épiscopal. Une corniche arrondie, hérissée de balustres , soutient une seconde galerie, semblable à la première, mais dans des proportions amoindries. Un fronton cintré, percé d'une niche, asile du saint patron, et autour de laquelle s'allongent, dans la pierre, deux anges taillés en relief, couronne la façade. L'intérieur se compose d'une seule nef en croix, grande et assez belle dans ses proportions, et dont les murs, dénués d'ornement, sont soigneusement revêtus de cette infâme couleur potiron, aimée des sacristains.

Dans une des chapelles qui forment la croix, au-dessus de l'autel, est appendu un tableau d'une merveilleuse beauté. Assise sur un trône élevé, sainte Anne soutient, debout devant elle, la Vierge-enfant; à sa gauche, Philippe Cinq, prosterné, caché sous les plis de son manteau royal, offre sa couronne à la *sainte bambine;* à sa droite, est placée une figure allégorique, un guerrier, couvert d'une armure splendide; des saints et des anges, noyés dans la demi-teinte, occupent le fond de la scène, au-dessus de laquelle plane la figure paternelle du vieux Jéhova. La beauté chevaleresque de ces têtes, ces étoffes souples et chatoyantes, ce grand levrier au profil busqué comme un genêt d'Espagne; cette armure d'acier sur laquelle la lumière glisse en lames blanches, et puis ce parfum d'aristocratie féodale répandue sur la toile, et surtout cette couleur blonde et ambrée, font reconnaître l'œuvre du Titien espagnol, du chevalier Velasquez, l'ami de Philippe IV, le peintre ordinaire des rois, des enfants et des reines. C'est une chose naïve et grave à la fois, qui pourrait se soutenir à côté des œuvres les plus célèbres des maîtres Vénitiens. Pourtant, mon guide connaisseur ne me la faisait même pas remarquer, pas plus qu'une jolie petite Sainte famille, rose blanche et pouponnée, que l'on croirait sortie des ateliers de Boucher, école séduisante, qui avait voué l'art au culte charmant des faux Dieux. Il avait hâte, le bon docteur, de me faire admirer les chefs-d'œuvres indigènes. Le tableau du

peintre de Sassari est un mélange assez édifiant de jaune,
de bleu et d'écarlate, une peinture propre, sage et insignifiante, comme l'aiment le bourgeois et le vulgaire, mais qui,
du moins, a l'immense mérite de ne pas appartenir à l'école
envahissante, dite religieuse. Ecole de peintres théoriciens
et mystiques, qui, saintement occupés à courir après des pué-
rilités divines, veulent ramener à la religion par la ligne
droite, et au catholicisme par le bleu de Prusse.

Quant au tombeau taillé dans le marbre, ouvrage du statuaire sarde, c'est une œuvre pleine à la fois de qualités pré-
cieuses et de vulgarité. Mais la jeunesse de l'artiste explique
ce défaut. L'originalité n'est pas, comme on le pense généralement, le privilége nécessaire du talent jeune et inexpéri-
menté ; au contraire, et les exemples des maîtres sont là pour
l'attester, les artistes, les écrivains novices se traînent plus ou
moins longtemps sur les traces d'un talent aimé ; l'originalité s'acquiert par un travail long et opiniâtre.

Devant l'église, une maison insignifiante élève ses toits en
terrasse et sert de palais à l'archevêque. Sur la place, vont et
viennent quelques moines affamés de donations, aux joues
amaigries, au sourire sardonique... Sardonique... voilà une
épithète dont l'origine toute sarde exige ici quelques explications étymologiques. Je ne dois pas laisser soupçonner de jalousie railleuse et de scepticisme le caractère de ces honnêtes
insulaires, dont j'ai reçu un accueil si hospitalier. Cette expression : *ris sardonique*, autrefois *sardonien*, vient d'une
plante appelée *sardonia*, qui croît en Sardaigne et ressemble
à du persil. L'infortuné qui avait l'imprudence d'en mâcher
la feuille, était saisi aussitôt d'un rire éclatant et inextinguible ;
mais c'était un rire jaune, car il dégénérait bientôt en convulsions, derniers accès du rieur, qui trouvait la mort dans un
éclat de rire. D'autres prétendent que l'effet de cette plante
terrible est de contracter les nerfs et les muscles de ceux qui

en mangent, de manière qu'ils semblent rire en mourant. Mais cette plante a changé son nom de *sardonia* en celui de *ranuncula* ou *ranunculus palustris*, et, avec son premier nom, elle a perdu ses terribles propriétés.

Sur cette place, passent encore des bandes nombreuses de ces jeunes lévites, que l'on reconnaît, en tous lieux, à certaine tournure de tête angélique, à ces petits airs confits en perfection, que la théologie et le séminaire impriment uniformément à tous leurs disciples, car le principe d'obéissance absolue, de soumission intellectuelle, détruit toute individualité physique et morale ; ce qui n'est pas un grand malheur, à une époque où l'individualisme est devenu une maladie générale. Le fouriérisme, le socialisme moderne, qui vont jusqu'à transformer l'homme en chose, atteindraient le même résultat : mais le remède alors serait pire que le mal. Ici, je m'interromps au milieu des plus belles occasions de raisonner, de philosopher, de divaguer. Je dois détourner la tête, je suis voyageur et passe mon chemin. D'ailleurs, j'ai horreur du monologue.

Un monument d'un intérêt incontestable, c'est le château de Sassari ; malheureusement, ses ruines gigantesques et quelques légendes merveilleuses, sont les seuls témoins de sa splendeur passée. Ce vaste palais, séjour habituel du grand inquisiteur d'Espagne, dans l'Ile, fut saccagé par les Français au commencement du XVI<sup>e</sup> siècle.

Des allées d'arbres environnent la ville, et lui forment une ceinture verdoyante, où les tulipiers aux fleurs couleur de safran, les catalpas à larges feuilles, les accacias aux rameaux découpés et tremblants, se croisent et s'enchevêtrent en voûte aérienne. Des champs plantés de tabac s'étendent à l'entour, et des bois d'oliviers couvrent les collines environnantes et bordent l'horizon. Ces oliviers, élancés et puissants comme nos beaux arbres de France, plantés avec symétrie, forment des bosquets infinis, dont le feuillage argenté recèle un monde babillard de mésanges, de merles et de corneilles ; à leurs pieds, s'étend une herbe lustrée, haute et drue, où murmurent de petits ruisseaux invisibles.

Du côté occidental de la ville, sous une de ces allées touffues qui l'environnent, s'élève une petite église, antique débris de la domination espagnole. A l'extérieur, sa façade sombre et nue, ses murs crevassés couronnés par une corniche creusée en cintres successifs, qu'écrasent un toit massif et plat, lui donnent l'aspect d'une prison ou d'une salle, où les inquisiteurs faisaient leur sainte cuisine. A l'intérieur, des taches moussues tigrent les murs comme une vaste lèpre. Le plafond laisse entrevoir le ciel au fond de ses caissons ruinés, un autel délabré, dernier vestige d'une antique splendeur, conserve encore sous une couche de poussière, des incrustations de nacre, de cuivre et d'ivoire, enrichies de gros cataplasmes d'or. Çà et là, sont accrochées, dans des cadres disloqués, des toiles enfumées, mais sur lesquelles le pinceau des disciples féroces de Zurbaran et de Ribera fait palpiter à plaisir les entrailles entr'ouvertes, et ruisseler le sang des martyrs.

Mon docteur qui m'avait vu indifférent devant les magnificences de la cathédrale, et ses œuvres d'art, l'admiration des habitants de Sassari, et qui me voyait contempler avec bonheur les murs d'une chapelle dévastée, et de sombres et épouvantables peintures, resta confondu. Cette rébellion contre toutes ses idées, contre toutes ses notions artistiques, lui donna, peut-être, une haute idée de mes lumières : l'opposition à toutes les règles reçues n'est-elle pas une preuve de supériorité d'esprit? Je ne sais, mais dès-lors il ne prévint plus mes impressions et attendit toujours que je me fusse prononcé pour conformer ses jugements aux miens.

En sortant de la ville par le côté oriental, à l'extrémité d'une allée de sycomores, on aperçoit un amas de maisons blanches, cachées dans un bois d'oliviers. C'est un saint monastère, où quelques capucins passent leur vie dans la prière et la rêverie. Une terrasse spacieuse, rendez-vous habituel des promeneurs, règne le long des murs du couvent. De là, le regard enchanté se repose sur un océan de verdure et va se perdre dans l'immensité de la mer et du ciel qui se confondent à l'horizon. Au-dessous, le terrain s'entr'ouvre et forme un petit vallon, d'où s'élancent les cîmes ondoyantes des tulipiers et des thérébintes, et d'où monte sans cesse le murmure harmonieux d'une eau jaillissante, un concert incessant d'éclats de rire et de joyeux refrains. C'est qu'au fond du vallon est située la fontaine qui fournit l'eau à la ville entière de Sassari : fontaine curieuse, décorée du nom de Rosel, et dont la magnificence relative, célèbre dans toute la Sardaigne, a donné lieu à ce dicton d'une vanterie pompeuse et espagnole : *Chi non vide Rosel, non vide mendo.* C'est un vaste parallélogramme de pierres, espèce de tombeau construit pour un géant, portant sur chacune de ses faces une rangée de mascarons qui font jaillir du fond de leur gueule béante une eau fraîche et limpide. Tout à l'entour se pressent et s'agitent les porteurs d'eau, occupés à remplir de petits tonneaux ou des outres qu'ils placent sur le dos de ces ânes mignons, particuliers à la Sardaigne ; puis, remontant par un chemin taillé en degrés dans les flancs de la colline, ils vont vendre cette eau aux maisons de la ville. Du pied de la fontaine s'échappe un gros ruisseau, au bord duquel s'ébattent et babillent de joyeuses lavandières.

Grâce à la fertilité de ses compagnes et à la variété de leurs productions, grâce aussi à la nature active et intelligente de ses habitants, Sassari est, après Cagliari, la ville, de beaucoup, la plus importante de la Sardaigne. Déjà des exploitations agricoles, parmi lesquelles on peut citer l'établissement des messieurs Mattei, se fondent dans ses environs, et une vaste entreprise industrielle s'est organisée aux portes même de la ville. C'est une ferme immense, où, pasteurs et cultivateurs viennent apporter, les-uns le lait de leurs brebis, les autres leurs raisins, leurs amandes et leurs olives. Là, ces produits agricoles se transforment, ou en gros fromages jaspés de veines bleues, en vin généreux d'une couleur blonde et chatoyante, en huile odorante et parfumée, qui sont promptement expédiés aux marchés du continent. Enfin, grâce à la proximité d'un département français, éloigné seulement de quelques lieues, et à des communications faciles, et de plus en plus fréquentes avec Marseille, il ne manque à Sassari, pour devenir une des cités les plus florissantes de l'Italie, que d'être une ville maritime. Mais la mer est distante au moins de deux ou trois lieues, et Porto-Torres, le port le plus voisin, ne présente aux navires qu'un abri dangereux ou incertain.

La description est ductile, et je pourrais barbouiller encore, en l'honneur de Sassari, plusieurs pages de ma prose gelée et incolore, si je ne craignais d'abuser de votre patience, ô mon illustre ami !

Chaque jour, en rentrant à l'auberge, je trouvais réunis autour de la table d'hôte les convives de la *croce de Malta*. Les impressions que j'avais recueillis dans mes promenades, devenaient le sujet d'une conversation animée, et servaient de prétexte à des dissertations interminables, que parfois le vieux-professeur de la faculté égayait par des réflexions inattendues. Le savant vieillard appartenait à cette classe d'hommes estimables que l'on est convenu d'appeler bien pensants ; quoique nous soyons naturellement disposés à en décorer les individus qui sont avec nous en communauté de principes et de sympathies, ce titre honorable est généralement dévolu à ces hommes d'ordre, ennemis déclarés de

tout progrès, politique et littéraire, et qui gardent, pour
les hommes et les choses d'autrefois, leurs louanges et
leurs affections.

Un soir, après une conversation des plus animées,
(le mouvement libéral, imprimé par le nouveau pape à
la politique italienne ; les réformes gouvernementales, si
longtemps attendues, offraient alors aux bavards un champ
fertile en discussions), plusieurs convives nous firent leurs
adieux ; les uns allaient s'embarquer pour le continent,
les autres devaient assister à la pêche du thon à la
Tonnara de l'île de l'Asinara. — Et vous, Monsieur, me
dit alors le vénérable docteur, aujourd'hui que vous avez
visité la Sardaigne et ses villes principales, où allez-vous ? —
où je vais ? Mon Dieu, je n'en sais rien. — Hélas ! reprit-il
sentencieusement, où allons-nous ? l'esprit révolutionnaire
souffle la révolte sur la face de l'Europe, et va précipiter
l'humanité dans des abîmes sans fond !!!!!

Ma foi ! vivent les points d'exclamation, n'est-il pas vrai, cher
ami ? ils remplacent ici avantageusement la tartine philosophique, morale et oubliée de mon respectable vieillard. Pourtant
j'en ai tant entendu de semblables et sur la même matière,
que je pourrais, si vous le désirez, vous la reproduire d'une
façon à peu près exacte. Quand il eut terminé ses jérémiades
prophétiques, le digne homme entreprit de me faire connaître
les causes de ces catastrophes terribles ; et sur ces questions,
il était un peu de l'école du saint évêque de Cagliari,
l'ennemi déclaré des bateaux à vapeur. La facilité croissante
des communications, qui éparpillent en tous lieux les idées
subversives, lui causait un effroi indicible. Il condamnait
sévèrement ces établissements industriels, qui apportent aux
habitants d'un pays la richesse et le bien-être, mais qui, leur
prenant en échange la résignation, la simplicité et cette
ignorance bénie, qui fait le bonheur du pauvre, leur en-

lèvent peu à peu la foi religieuse, pour les vouer au culte égoïste du veau d'or. Il se plaignait des progrès de l'industrie en Sardaigne, le pauvre homme ! hélas ! qu'aurait-il dit, s'il l'avait vue en France, cette horrible industrie, étendre en tous lieux ses réseaux de moellons et de fer, rôder autour des vallées ombreuses et des bosquets enchantés, traînant après elle un grand bruit de ferrailles et de vapeur ; éventrant les prairies, abattant les forêts, pour édifier des murailles de briques noires , des usines mugissantes et des cheminées gigantesques, d'où s'échappent sans cesse d'épais tourbillons de fumée. Mais, à ses yeux, la cause la plus influente de la désorganisation future, c'étaient les livres ; ces pauvres livres, les esclaves très-fidèles et très-humbles des mœurs, dont on les accuse d'être les corrupteurs et les maîtres. Nos auteurs modernes, qu'il connaissait à peine, étaient pour lui les objets d'une haine particulière. Il les accusait d'avoir soufflé, les premiers, cet esprit de révolte contre les idées consacrées, et d'avoir démoralisé la jeunesse. Vous l'eussiez pris pour un membre de l'une de nos académies, à voir sa généreuse indignation contre cette littérature indépendante et sans principes.

Et vraiment l'accusation, me direz-vous peut-être, ne manque pas de justesse ; l'armée des littérateurs et des artistes est une armée indisciplinée, sans chef et sans drapeau, et dont chaque soldat se hâte, par un chemin différent, vers un but incertain.—D'abord, cher ami, en fait de principes philosophiques ou littéraires, nous en avons tant vu passer, repasser et trépasser, que le scepticisme est chose justifiable aujourd'hui. Il n'y a plus de principes reconnus, plus de théories universellement acceptées, et c'est précisément cette variété de systèmes, cette diversité d'opinions et d'écoles, qui rendent plus certaines les chances d'atteindre une des faces multiples du beau. Au reste, le digne homme était conséquent dans sa haine contre l'école moderne, que l'on est convenu de désigner sous le nom de romantique; le romantisme, n'est-il pas le libéralisme dans les lettres et les arts? Telle est du moins l'opinion de **M.** de Balzac, cet homme de génie, cet écrivain dont le caractère est dans ces mots: patience et conscience, les deux éléments constitutifs de l'art flamand, ce **Miéris** de la littérature qui élève le charme du fini et la science du détail aux dimensions du tableau d'histoire, et sait faire entrer, dans des peintures dont les horizons étroits ne dépassent pas les accidents de la vie bourgeoise, des drames saisissants et terribles, des physionomies originales et sublimes.

Quant à vous, cher ami, qui touchez à cet âge où les années rendent l'âme sage et triste, et que, par conséquent je soupçonne de ne pas partager mes opinions, je vous dirai: cette littérature d'archéologie, comme l'appelait un philosophe dont je ne veux pas compromettre le nom dans mon bavardage, ces œuvres anciennes sont les seules qu'on vante et qu'on admire, d'accord; mais les nouvelles sont les seules qu'on lise. Et vous-même, tout en professant le plus profond respect pour la poésie incolore et douteuse de nos pères, tout en gardant pour elle des louanges exclusives, vous conviendrez que, à part quelques rares chefs-d'œuvre, vous avez peine à en soutenir la lecture. Mais il est bien convenu que je mets hors de cause cette littérature commerciale, qui depuis dix ans fait les délices de la bourgeoisie; la Révolution de février l'aura ruinée, j'espère, pour jamais; ce ne sera pas là un de ses moindres bienfaits.

Mais, il faut bien, enfin, fermer une parenthèse inutile et interminable, pour reprendre le fil de mon récit, et vous demander pardon de cet écart superbe, à propos de je ne sais quoi, d'un poisson peut-être. J'ai fait comme mes confrères ces petits écrivailleurs, modestement prétentieux, qui, à propos d'une histoire insignifiante, d'une fontaine ou d'un brin d'herbe, remettent volontiers en question le génie de Bossuet ou la gloire de Corneille.

Donc, j'étais encore dans l'incertitude sur la direction que je devais prendre, quand mon fidèle Achates, mon aimable docteur, me déclara que je ne pouvais quitter la Sardaigne, sans aller à Tempio, et sans visiter Algher, la ville espagnole aux grottes d'azur. Et comme, le lendemain même, des marchands partaient pour Tempio, je me joignis à leur caravane.

Mais vous éprouvez peut-être une grande répugnance à m'accompagner dans cette nouvelle excursion ; et les jupes écarlates, les corsages de brocart, les teints basanés, les lauriers roses, les aloès étincelants, les roches calcinées, doivent irriter vos yeux éblouis, fatiguer votre attention, vous ennuyer enfin ; et moi donc ! ! Mais prenez courage ; je vais m'acquitter de mes devoirs descriptifs le plus lestement possible.

De Sassari à Tempio, la route est spacieuse, plane et commode, sur le papier des ingénieurs. Mais, en réalité, il n'y en a point encore. Le chemin, praticable tout au plus pour les chevaux sardes, est semé de roches, de broussailles, d'accidents imprévus, de surprises charmantes, qui rendent le voyage pénible, mais

C'est mon avis qu'en route on s'expose à la pluie.

Tantôt, ce sont des rochers escarpés et brûlants dont il faut franchir les crêtes ; tantôt, la caravane s'avance au milieu des steppes solitaires, des salles infinies, où paissent à l'abandon quelques maigres troupeaux. Parfois, le sentier s'enfuit dans une forêt mystérieuse, où les chênes verts entremêlent leur feuillage inextricable. Au loin, sous les noirs ombrages, s'enfoncent des eaux dormantes et profondes ; les roseaux de la rive font frissonner au vent leurs aigrettes de velours ; les nénuphars étalent sur la surface leurs larges feuilles, et les herbes marines s'enlacent et se penchent comme des serpents altérés ;

Pour qui veut se noyer la place est bien choisie,

s'exclamerait encore, à coup sûr, Joseph Delorme. Souvent, dans la campagne, on aperçoit, emporté au galop de son cheval, une sombre figure, armée jusqu'aux dents. C'est un bandit ; les lambeaux bizarres qui forment son vêtement attestent son origine suspecte, et alors, chaque voyageur d'examiner ses armes et sa conscience, pour s'assurer si le poignard est encore à sa ceinture, ou s'il n'a pas dans sa vie quelque vilaine action à se reprocher à l'endroit de son prochain. Il n'y a plus au monde que la Sardaigne pour rencontrer ces bandits honnêtes, assassins ou voleurs, quand la nécessité ou l'honneur les y contraint ; esprits réformateurs, ennemis acharnés du capital, de l'échange convenu du gain et du travail ; êtres indépendants, qui vivent au jour le jour, trouvent leur pain quotidien, leur vin versé, et ne reconnaissent plus en fait de droits héréditaires que celui de la vengeance ; véritable type, en un mot, du socialiste moderne, tel que l'a rêvé l'imagination fantastique du bourgeois.

Parti le matin de Sassari, le soir on arrive à Tempio. Cette ville est renommée en Sardaigne pour les armes qu'on y fabrique, ses carabines surtout, dont la crosse, en éventail, couverte d'incrustations de nacre ou d'acier, les fait ressembler à ces espingoles catalanes ou à ces fusils arabes, objet de convoitise pour les amateurs. Mais son premier titre à la célébrité est l'excellence de sa charcuterie. Les saucissons de Tempio peuvent rivaliser avec ceux de Bologne et même de Lyon, cette ville qui a bien besoin de la supériorité de ses charcutiers, pour se faire pardonner ses maisons noires et gigantesques, ses rues fétides et l'ineptie héréditaire de ses édiles occupés à déshonorer la position la plus magnifique qu'ait jamais dessinée la nature pour l'emplacement d'une grande cité. La factorerie des *suoriorum* romains, établie dans les environs de Tempio, était célèbre même à Rome. Aujourd'hui c'est une ville de pauvre et chétive apparence, où tout respire un ennui superlatif et commercial. Les rues étroites et embrouillées, sont garnies de sombres boutiques, où les femmes filent et tissent les laines des brebis, et accourent au seuil de leur porte pour voir passer quelque chose de si rare qu'un étranger, tandis que des cochons effarés, les seuls propriétaires de la rue, se précipitent devant ses pas, en poussant des grognements éplorés.

Mais, cher ami, que n'avez-vous le courage de m'accompagner à Algher ou Algieri, le paradis terrestre de la Sardaigne, et où, pour des temps d'orages politiques, il serait bien doux d'aller s'ensevelir à jamais. Algher, la ville espagnole, où se parle le pur catalan de Barcelonne, où les hommes cachent leurs crinières ondoyantes et leurs regards de feu sous les bords du *sombreros*, où les femmes encadrent leurs épaules blanches dans des corsages de velours, et font ruisseler les dentelles sur des jupes de satin.

Noyées dans une vapeur transparente, que le soleil couchant colore des teintes de l'iris et de la rose, de petites maisons à toits plats, séparées par d'étroits jardins, gravissent et couvrent la montagne ; au-dessous s'étend une mer bleue et profonde. Quelques rues se croisent et montent en spirale jusqu'aux dernières murailles, dont les angles blanchis se découpent crûment entre deux haies de lauriers roses, aux feuilles métalliques. Dans ces rues, courent et babillent sous les yeux de leurs mères, de joyeuses bandes d'enfants bruns, blonds et roses comme partout, mais d'une beauté rare, et qui portent, pour tout vêtement, un carré d'étoffe de laine noire autour du cou. De belles jeunes

filles, de quinze à seize ans, cet âge charmant, trop dé-
précié chez nous, aujourd'hui que les femmes ont un peu re-
culé les limites des tendres erreurs, se promènent, en chantant, d'une voix rauque et étrange, quelque vieilles romances
espagnoles ; et, de temps en temps, passe au galop, un
*barbe* de Cordoue, rejeton égaré des écuries des califes.

L'origine d'Algher est restée pour moi une question assez
obscure, les guides itinéraires, à l'usage du voyageur en Sardaigne, n'ont point encore été imprimés, et les itinéraires
sont bien savants. Cependant l'opinion générale veut qu'Algher l'espagnole ait été fondée par une bande de pirates
catalans. Ces industriels, fatigués du métier laborieux d'é-
cumeurs de mer, et d'ailleurs suffisamment enrichis par des
opérations commerciales, périlleuses comme toutes les opérations de ce genre, furent séduits par la beauté poétique et
tranquille du golfe d'Algher, ils s'y établirent, y fondèrent
une ville, et d'assassins-voleurs devinrent d'honnêtes propriétaires. Eh quoi ! jolis enfants, aux joues roses, aux cheveux
bouclés, quoi ! belles jeunes filles, reines de beauté, qui portez
sur vos fronts gracieux un diadème de tresses noires, vos
pères étaient des voleurs ! et mieux que cela, peut-être !
Mais, non ! j'en atteste vos regards assurés, et vos cris innocents, c'est une calomnie inventée par les marchands de
Sassari ; ils envient l'opulente et douce oisiveté que vous ont
fait vos ancêtres ; et puis, si le reproche était fondé, conso-
lez-vous, vos pères vous ont laissé la fortune, c'est le seul
héritage paternel qui ait aujourd'hui quelque valeur.

Aux pieds des collines, contre lesquelles les eaux du golfe
viennent mourir en murmurant, la nature a creusé de vastes
cavernes, dont les blanches parois se reflètent dans le miroir
transparent des eaux prisonnières. Une mousse verdâtre tapisse
la roche étincelante, et de la voûte pendent, comme des
lustres d'albâtre, des stalactites gigantesques. Tandis que

ma barque, balancée sur ces flots silencieux, s'enfonçait
sous les cavernes plus sombres que les feux de nos torches
illuminaient de fantastiques clartés, j'évoquais le fantôme classique des chastes Néréides, et des Tritons à barbe limoneuse,
qui venaient joyeusement autrefois s'ébattre dans ce palais
d'émeraude, de nacre et d'albâtre. Mais hélas ! la verte
Naïade est morte dans sa grotte, et les divinités marines ont
abandonné leur empire ; elles sont mortes, et leur mort, vous
la bénissez peut-être ? car elle vous évite la description my-
thologique d'une danse nautique, à laquelle, en des temps
plus heureux, j'aurais assisté infailliblement. Et maintenant,
pour abréger encore mon récit, laissant de côté les détails
poétiques et géologiques, je me contente de vous dire : que
la grotte d'Algher ressemble à la grotte d'azur de l'île de
Tibère, l'une de ces merveilles dont la nature a paré le golfe
de Naples. La mer était si limpide, la matinée si belle, la
brise qui venait de la terre, toute chargée des senteurs vé-
gétales, gonflait si bien nos voiles, et faisait balancer si mollement notre barque, que je ne pus me résigner à rentrer à
Algher. Je cédai aux sollicitations intéressées du patron, et
je passai la journée sur le golfe, courant du promontoire de
Bosa jusqu'au cap du Cacciatore, pénétrant dans les petites
baies solitaires, encadrées dans une ceinture de collines et de
bosquets de lauriers et de lentisques, dont le soleil allumait
de reflets d'or les feuilles vernissées. Promenade ravissante
dont je garderai le souvenir ! Mais votre présence dans ma
barque, cher ami, en doublant le charme énivrant de cette
journée, eût rendu ce souvenir plus délicieux encore. Quand
je rentrai dans le port, la lune, déjà au milieu de sa course,
jettait sur les collines une clarté mystérieuse, et faisait bra-
siller la mer.

Deux heures suffisent pour aller de Sassari à Porto-Torres.
Une rangée de maisons chancelantes, qui regardent d'un air

soucieux leur image dans la mer, une jetée de roches et de pilotis qui s'avance timidement dans les flots, et renferme dans une enceinte étroite une eau noire et bourbeuse où barbottent quelques vaisseaux marchands, voilà la ville, voilà le port que l'on nomme Porto-Torres. — Quand on tourne ses regards du côté de la terre, l'œil n'aperçoit au loin qu'une vaste et aride solitude, qui contraste péniblement avec les campagnes boisées de Sassari. Quelques touffes d'herbes grillées s'accrochant sur un sol pierreux et calciné, les ruines d'un établissement moderne, ravagé par les pasteurs, quelques vestiges de citernes et d'aqueducs romains, tels sont les produits et les édifices de cette terre désolée ; on dirait que l'intempérie affreuse qui désole ce pays, attaque également les productions de la nature et les œuvres des hommes. Et pourtant, c'est là cette contrée fortunée que les Sardes avaient surnommée *logu d'oru*, le pays de l'or ! Du côté de la mer, au milieu du golfe d'Arragonèse, l'île d'Asinara élève vers le ciel les sommets de granit égyptien de sa montagne, aux flancs d'azur.

Depuis quelques jours, plusieurs voyageurs étaient arrivés à Porto-Torres. Ils venaient pour assister à la pêche du thon, retardée cette année-là par les vents impétueux du midi. C'était un spectacle dont j'avais entendu conter trop de merveilles, pour n'y pas assister. Aussi, un bâtiment qui venait d'entrer dans le port, ayant annoncé l'approche des thons, je m'embarquai aussitôt sur un bateau de pêcheurs, pour gagner l'Asinara, où la pêche devait avoir lieu.

Le thon est une espèce du genre scombre, et fait partie de cette famille de poisson, appelés pélagiques, parce qu'ils se tiennent pendant une partie de l'année, à une grande distance des côtes. Pardonnez-moi ces détails scientifiques, que le citoyen Lacépède peut vous donner infiniment mieux que je ne saurais le faire. Réunis en troupes nombreuses, les

thons jouent sur la surface de la mer, toujours prêts à repousser les ennemis redoutables qui leur font la guerre. Poissons
voyageurs, on les a vus suivre un bâtiment pendant plusieurs
centaines de lieues, nageant à l'ombre de ses voiles, et dé-
vorant, avec avidité, tous ces restes substantiels que l'on
jette à la mer. La délicatesse du double sens de l'ouïe
et de la vue, très-développés chez ces animaux, explique
leur frayeur soudaine, et cette prudence merveilleuse,
qui ne les abandonne qu'à cette époque de l'année, où la
nécessité impérieuse de la ponte et de la fécondation des
œufs les forcent à se rapprocher du rivage. Dans la Méditerrannée, les plages solitaires de la Sardaigne sont les lieux
les plus ordinaires de leur rendez-vous ; ils y trouvent en
abondance le maquereau, et surtout la sardine dont ils sont
très-friands. C'est grâce à cette loi périodique de reproduction,
à cette voracité excessive, et aussi à leur audace dans le
danger, qu'on a pu choisir les époques, les lieux et les
moyens les plus propres à procurer une pêche abondante.
La thonnaire d'Asinara est la plus importante de la Sardaigne. Le mot thonnaire, en italien *tonnara*, est le nom du filet dont on fait usage dans cette pêche, cependant il sert
aussi à désigner la pêche elle-même, ou l'endroit où elle a
lieu, et que l'on nomme également *mandra*, ou enclos.

Cependant, les bateaux des pêcheurs dessinaient au loin
sur le rivage leurs silhouettes aiguës ; immobiles et silencieux,
aux rayons du soleil levant, comme l'immensité paisible des
flots qui les entouraient. Tout-à-coup les signaux, placés
sur les points culminants de la côte, annoncèrent l'arrivée
des thons. Ils s'avançaient rapidement, comme une légion de
soldats, les plus forts, les plus audacieux en tête, faisant bouillonner les flots qu'ils refoulaient devant eux. On les voyait
au loin s'élancer, bondir sur la surface des eaux, cingler avec
la rapidité de la flèche, et lancer l'écume blanchissante sous

les coups de leur queue longue, et découpée en forme de croissant. Alors les voiles se hissèrent au bout des mâts, les barques glissèrent sur la mer, et se développèrent au loin sur une ligne immense, jetant des pièces de filets lestés, qui formèrent derrière les monstres marins une barrière infranchissable. Après s'être longtemps poursuivis, avoir joué, cabriolé, mangé tout à leur aise, les thons abandonnèrent enfin le rivage, pour voguer en pleine mer. Mais une muraille mouvante se dressait devant eux ; plusieurs s'engagèrent à travers les filets, se débattant avec fureur, faisant chanceler les pêcheurs dans leurs barques, prêtes à chavirer. Leurs efforts furent inutiles, un petit nombre seulement parvint à se frayer une issue. Enfin, un passage s'ouvre devant eux, c'est une de ces longues allées, appelées chasses, en terme de pêche, et qui vont du rivage à une vaste enceinte, espèce de parc qui reste construit dans la mer. Les poissons s'engagent audacieusement dans ces allées, où les poussent et les pressent les hardis pêcheurs, qui leur coupent la retraite avec d'immenses filets. A leur suite, accourt la flotille des marchands et des curieux. La grande enceinte du parc est divisée en compartiments, formés par des cloisons de filets soutenus par des flottes de liége, et amarrés à des ancres, espèces de chambres dont chacune a son nom particulier. Les thons, toujours poursuivis, saisis de frayeurs, passant de chambre en chambre, parcoururent une longueur de plus de mille mètres, et arrivèrent enfin à la chambre fatale, dont ils ne devaient plus sortir, à la *caméra della morte*. Tandis que les barques curieuses se rangeaient à l'entour, le filet qui forme le fond de cette dernière enceinte, un peu soulevé, fit monter à la surface de l'eau les poissons prisonniers, alors une centaine de petites nacelles, montées par des pêcheurs armés jusqu'aux dents, comme pour un abordage, s'élancèrent au milieu d'eux, et la bataille commença.

Les crocs, les piques, les harpons, plongeaient dans l'eau, et remontaient sanglants pour retomber encore ; les haches frappaient des coups redoublés, les thons blessés et furieux faisaient bouillonner les flots dans les convulsions suprêmes de leur agonie ; la mer, violemment agitée, roulait çà et là les cadavres sanglants et les entrailles palpitantes de ces pauvres monstres, et se couvrait d'une écume rouge de sang. L'haleine bruyante des victimes, le mugissement des flots, le grincement du fer, se mêlaient aux cris féroces des pêcheurs intrépides qui, suspendus dans leurs frêles nacelles sur une mort horrible, s'excitaient au carnage. Spectacle triste et terrible, et qui m'avait rempli le cœur d'une horreur et d'une pitié si grande, que j'aurais voulu voir un de ces hommes tomber à la mer, et les scombres venger sur lui la mort affreuse à laquelle ils étaient condamnés. Mais je peux me consoler, la chose est arrivée déjà plusieurs fois. Pourtant cette féroce et dégoûtante boucherie était, pour tous les spectateurs, une fête charmante ; le ciel avait, ce jour-là, une pureté délicieuse ; les femmes, qui remplissaient les barques, étaient parées de leurs costumes les plus coquets, et contemplaient, avec de bruyants éclats de rire, les contorsions suprêmes des victimes ; des chœurs entonnaient de joyeux refrains, avec accompagnement de tambourin, de fifre et de tymbale ; le soir, enfin, sur le rivage ensanglanté, on dansa le plus joyeusement du monde.

La pêche s'ouvrait sous d'heureux auspices. En cette seule journée, on avait tué environ quinze mille thons, dont quelques uns pesaient au moins vingt kilogrammes, et le massacre avait été si horrible, que le sang avait rougi les eaux de la mer à deux lieues de distance !

Le lendemain je rentrais à Porto-Torres. L'*Ichnusa*, bâtiment à vapeur qui fait le service de Gênes, était dans le port et partait le jour suivant ; je retins mon passage, et fis

mes préparatifs de départ. Je vais donc quitter, à jamais
peut-être, cette terre heureuse et cachée, ces montagnes
géantes, ces forêts vierges, ces jardins embaumés. Je vais
dire un éternel adieu à cette population hospitalière, à ces
mœurs simples et naïves, à ces costumes charmants et bizarres, comme ceux qui les portent, à ce petit monde enfin
oublié au milieu de la mer, et dont l'obscurité poétique, qui
l'enveloppe et la protége, a fait dire au poète des *Feuilles
d'automne.*

> Quand vous verrais-je Espagne,

> Grèce qu'on connaît trop, Sardaigne qu'on ignore!

Mais, avant de partir, cher ami, je veux essayer de vous
communiquer les quelques notions historiques que j'ai pu
recueillir sur la Sardaigne, ainsi que certaines remarques
physiologiques ; elles corrigeront, peut-être, aux yeux d'un
homme grave et positif comme vous, un bavadarge pauvre,
incohérent, prétentieux.

Un soir, qu'à l'*Osteria della croce di Malta,* je causais
avec le vieux professeur de l'université de Sassari, la conversation tomba sur l'origine fabuleuse de la Sardaigne, et sur
ses premières époques historiques. Heureux d'une occasion
qui lui permettait de m'étaler sa science, « cette question,
me dit-il, est encore à résoudre, *adhuc sub judice lis est,*
( la citation, quelque peu connue, était nécessaire dans la
bouche d'un savant ), les opinions de mes confrères sont
encore divisées. Les uns croient en trouver la solution, dans
le nom de Sardo, fils d'Hercule, qui visita plusieurs îles de
la Méditerrannée ; d'autres, dont j'ai l'honneur de faire
partie, après avoir longtemps cherché cette étymologie, se
sont arrêtés au mot grec : *Sandaliotis,* qui veut dire sandale,
à cause de la forme de notre île, qui reproduit, à ce qu'il

paraît, assez exactement la figure d'une semelle. C'est aussi
l'avis des poètes :

*Humanæ speciem plantæ sinuosa figurat*
*Insula.....;*

écrivait Claudien , et Silius Italicus avait dit avant lui :

*. . . . . Nudæ sub imagine plantæ*
*Inde Ichnusa prius graïs memorata colonis.*

Mais je suis obligé d'avouer, ajouta le docte vieillard, que
cette ressemblance ne m'a jamais frappé ; les anciens, peut-
être, avaient-ils les pieds autrement conformés que les nôtres ?
la chose paraît assez probable, car, le mot *Ichnusa*, dont
les Grecs la nomment encore, sert à désigner l'empreinte
que laisse un pied sur le sable. »

Quant aux vicissitudes politiques, par lesquelles la Sardaigne a passé, je vais essayer, cher ami, de vous répéter le
plus couramment possible, la leçon que j'ai apprise :

Les Phéniciens envoyèrent des colonies en Sardaigne, en
même temps qu'ils en faisaient descendre en Afrique, en Sicile et jusqu'en Espagne. Ces colonies fondèrent plusieurs
villes, entr'autres CARALIS, aujourd'hui CAGLIARI. Les monuments de toute espèce, dont ils couvrirent le sol, et dont
chaque jour encore on retrouve les vestiges, attestent leur
longue domination, confirmée d'ailleurs par le récit de Dio-
dore de Sicile, que quelques savants ont la prétention d'a-
voir lu.

Après les Phéniciens, la Sardaigne resta soumise aux Car-
thaginois jusqu'à la fin de la première guerre punique,
époque où elle passa sous la puissance romaine. Les Sardes,
fiers et courageux , tentèrent plusieurs fois de secouer un
joug odieux, mais, vaincus, un grand nombre d'entre eux
se réfugia dans ces montagnes inaccessibles, qui s'élèvent
entre Tempio et le golfe magnifique de Terra-Nova , pré-

férant la misère et la mort à l'esclavage. Soumise alors au
gouvernement d'un préteur, la Sardaigne fut heureuse et
florissante, la beauté de ses campagnes, la fertilité de son
sol devinrent célèbres dans le monde, et furent chantés par
les poëtes de Rome :

> *Opimas ,*
>
> *Sardiniæ segetes feracis,*

s'écrie Horace quelque part.

> *Propensæ Cereris nutrita favore,*

murmure de son côté Silius Italicus. Et Claudien, *de bello
gildonico*, a célébré les plaines du Campidano, au milieu
desquelles s'élève aujourd'hui l'établissement Victor Emmanuel :

> *. . . . . . . . . . . Quæ pars vicinior afris*
> *Plana solo, ralibus clemens, etc., etc.*

Enfin, je me rappelle avoir lu moi-même que Cicéron, dans
son discours *pro lege Manilia*, l'appelle le grenier du
peuple romain. Décidément il y a par le monde des hommes bien savants !

Mais la décadence romaine approche, les exactions commencent, les questeurs, infidèles et voleurs, ruinent le pays
qu'ils administrent ; peu à peu la misère grandit, la terre devient aride et se dépeuple, et enfin, au VII<sup>e</sup> siècle, les Sarra-
zins paraissent, envahissent l'île et la saccagent à plusieurs
reprises. Les Génois et les Pisans arrivent à leur tour, et
chassent les Sarrasins après leur avoir livré quatre batailles
sanglantes. De ce jour, la Sardaigne adopta l'écusson qu'elle
conserve encore : une croix de gueules, accompagnée de
quatre têtes de Maures. L'île était alors soumise à des juges,
dont l'autorité passait de père en fils, et qui relevaient du
Saint-Père. Mais le calme dont elle jouit ne fut pas de longue

durée, et les luttes terribles des Génois et des Pisans, la couvrirent une fois encore de sang et de ruines.

Par un don de Boniface VIII, elle passa à Ferdinand-le-Catholique, mari d'Isabelle de Castille, et père de Jeanne-la-Folle, et appartint à la maison d'Espagne jusqu'en l'année 1708. Mais, durant les guerres qui survinrent, les alliés de l'archiduc Charles s'en emparèrent, en faveur de ce prince. Reprise quelque temps après par le roi d'Espagne sur l'empereur, elle resta entre les deux maisons impériale et royale une cause de discorde, lorsqu'enfin le traité de Londres décida que la couronne de Sardaigne appartiendrait au duc de Savoie, qui, en échange, cédait à l'empereur son royaume de Sicile.

Vous le voyez, cette pauvre terre de Sardaigne a été soumise à de terribles vicissitudes. Sa position admirable, au centre de la Méditerrannée, la richesse de son sol, son incroyable fertilité, en la rendant un objet de convoitise pour les nations rivales, ont été pour elle les causes d'une ruine totale. Dès le temps de Charles V, la Sardaigne est épuisée. Les rois d'Espagne, contraints de s'en rapporter à des vice-rois, qui ne s'occupaient que de leurs intérêts personnels, ne regardaient déjà cette île que comme une terre stérile, rapportant à peine les frais que coûtait sa conservation.

L'établissement de la féodalité y date de la conquête arragonaise. Les nobles, Sardes et Espagnols, aussi nombreux qu'ils l'étaient en Pologne, car la noblesse pouvait s'acquérir par des dons faits au vice-roi d'Espagne, jouissaient de priviléges scandaleux, d'exemptions multipliées, laissant à payer les dépenses publiques au peuple. De son côté, chaque membre du clergé, et Dieu sait quel en est le nombre, avait une exemption personnelle, et fesait jouir de l'immunité sa maison toute entière, en en faisant passer les revenus sous son nom, et les moines réguliers, mendiants, et, si j'osais le

dire, fainéants, ne savaient ce que c'était que taxe ou contribu-
tion. Et puis sept archevêques ou évêques, des chanoines, des
curés sans nombre, propriétaires de bénéfices énormes ; des
canonicats, des prébendes, un revenu considérable enfin, qui
ne rapportait rien à l'état, et que le peuple seul était obligé
de remplacer, sans compter les dîmes rigoureuses et le casuel
qui sont à sa charge. Faut-il encore parler de tous ceux
qui remplissaient quelqu'office auprès de la sainte inqui-
sition d'Espagne, dont un grand inquisiteur siégeait à Sassari,
avec officiers, commissaires, sergents et geôliers, établis jusque dans la moindre bourgade, et tous exempts d'impôts,
eux et leurs *familiari* ; organisation puissante, qui survécut
en 1708 à l'expulsion des Espagnols, et vint se réfugier dans
les palais épiscopaux.

Et cet état de choses, inique, monstrueux, hier encore,
était en pleine vigueur ; aujourd'hui même , malgré les
efforts d'un roi quelque peu libéral , qui comprend enfin
la nécessité de réformes radicales, il persiste, et trouve un
dernier appui dans la résistance du clergé. Faudra-t-il
recourir à la force? Hélas ! le glaive et le fusil sont trop
souvent les clefs, qui seules peuvent ouvrir les portes d'airain
de la barbarie et de l'égoïsme.

Ce pauvre peuple , négligé jusqu'alors par ses souverains,
qui, ne tirant rien de cette île, l'ont laissé dans une ignorance
grossière ; assujéti à des étrangers, exclusivement nommés à
toutes les charges du pays, exposé en outre sans défense aux
descentes des corsaires de Barbarie, et seul, enfin, portant
le poids des impôts de toute nature, est tombé dans une
profonde misère ; le découragement s'est emparé de lui, le
pays s'est dépeuplé, le sol est devenu inculte, et de plus en
plus insalubre, et le paysan sarde renonçant enfin à cultiver la
terre pour enrichir ses seigneurs et engraisser ses moines,
a préféré, au travail régulier, la vie indépendante et vaga-

bonde des pasteurs. Mais un esprit de lumière et de progrès commence à souffler sur cette terre prédestinée, et, comme déjà je vous l'ai dit ailleurs, une ère nouvelle de gloire et de prospérité va commencer pour elle.

Mais aussi, quel pays fut jamais plus privilégié de la nature, que cette île ! Placée sur la route de l'Orient, des golfes magnifiques fermés aux vents du nord, comme ceux de Cagliari et de Terra-Nova, découpent ses rivages. Son sol, d'une fertilité merveilleuse, se divise en trois régions distinctes par leur aspect et leurs produits. Au nord, les jardins de Sassari, les bois d'oliviers et d'amandiers, les champs de tabac et les prairies ; au centre, les monts inaccessibles, les forêts vierges de chênes verts, de liéges et d'ifs, où parfois l'insouciance des pasteurs allume d'immenses incendies ; au sud, ce sont les plaines brûlantes de l'Afrique, les moissons ondoyantes, les palmiers solitaires, les cactus et les aloès, et les grands bois odorants d'orangers et de citronniers. Des rivières, petites mais nombreuses, coulent dans tous les sens ; des torrents bordés de lauriers roses, descendent des montagnes, dont un sainfoin naturel à fleurs de pourpre, nommé *sula*, tapisse les sommets. Les fruits de toutes espèces y mûrissent en abondance, et, malgré l'insuffisance des instruments de labour, de magnifiques récoltes de froment, de blé turc, de fèves, de lentilles couvrent cette contrée ; la culture de la pomme de terre vient d'y être tentée avec succès par les agriculteurs de l'établissement Victor Emmanuel ; le chanvre seul est encore inconnu. Enfin, des vins variés et délicieux, qui, si ce n'étaient les droits énormes qu'ils sont condamnés à payer au continent, acquiéreraient bien vite une grande célébrité.

Quoique pauvre en produits effectifs, la Sardaigne est, pour la quantité de ses bestiaux, d'une richesse incroyable. Ces bestiaux ne sont pas en général d'une taille développée ;

cela tient , sans doute , aux privations de tout genre ,
auxquelles les condamne l'incurie ou l'ignorance sardes.
Mais cette petitesse ne nuit en rien à la grâce de leurs
formes et à leur vigueur. Les chevaux aussi, forts, élégants,
comme des chevaux arabes, sont petits, et la race connue
sous le nom d'*Achetta*, y est très commune. Dans les bois,
sur les montagnes, on trouve réunis des animaux, dont les
espèces différentes sont ailleurs séparées et dispersées sur tous
les points du continent, depuis le mouflon et le capriolo ou
daim tigré, jusqu'au renard bleu, depuis la perdrix et le
faisan jusqu'aux oiseaux de passage : la cigogne et le fla-
mant. Les animaux nuisibles, l'ours, le loup, y sont inconnus,
et les serpents, très peu nombreux, n'y ont point de venin.

> *Serpentum tellus pura, ac viduata venenis.*

Le climat de la Sardaigne est très beau; l'hiver, pour elle,
comme disent les poètes, n'a pas de frimats, et jusqu'au mois
de juin, la brise qui vient de la mer tempère les chaleurs de
l'été. Quant à l'intempérie mortelle qui désole quelques
contrées, elle existait déjà à l'époque de la domination romaine, car j'ai souvenance d'une apostrophe peu parlemen-
taire de Cicéron à un nommé Tigellius : « Je me félicite,
lui dit-il, de n'avoir pas à supporter un Sarde plus empesté
que son pays. » Ailleurs, dans une lettre adressée à son
frère, en Sardaigne, il lui recommande la prudence indis-
pensable dans une contrée malsaine, *cura mi frater, ut
valeas, et quanquam est hiems, tamen Sardiniam istam esse
cogites.* Mais des travaux d'assainissement, et l'extension de
la culture parviendront, sans aucun doute, à détruire ce fléau.
Déjà le dessèchement et la culture de l'étang de Sanluri ont
produit une amélioration incontestable.

Et maintenant, si nous pouvions pénétrer dans les entrailles de cette terre promise, nous y découvririons des trésors
de substances minérales : des mines d'anthracite d'une

grande richesse, des minerais de fer, de cuivre et de plomb argentifère. Les excavations, dont les montagnes sont criblées, prouvent qu'autrefois ces mines furent exploitées par les Romains , les Génois et les Pisans.

Enfin, malgré le reproche puéril d'insouciance, qu'on leur adresse, reproche fondé sur la nature de leur langue, qui manque de *futur*, les Sardes sont des hommes patients, énergiques, courageux, et d'une intelligence si vive, si complète, que tous les voyageurs qui ont séjourné au milieu d'eux, en ont été surpris et charmés. Ils sont robustes et bien découpés dans leur taille, et les traits réguliers de leur visage respirent la douceur et la fierté. Les femmes sont d'une beauté remaquable ; c'est un mélange séduisant de grâce et de force. Que ne faut-il donc pas attendre d'une telle nation, quand l'heure de la liberté aura sonné pour elle ! ! !

Mais pourquoi vous étaler plus longtemps ma pauvre science ? Tous ces détails ne sont-ils pas renfermés dans le beau travail publié par Monsieur de la Marmora, dont Monsieur H. Ferrand a fait un résumé si complet.

Et puis, voici l'instant du départ, la cloche du bâtiment se fait entendre, et déjà l'eau bouillonne autour de la machine, qui bientôt va raser la mer, comme une hirondelle, en battant les flots de ses ailes infatigables. Pardonnez à votre ami cette comparaison tant soit peu surannée ; adieu, et que les vents me soient propices.

FIN.